츠빙글리의 종교개혁, 얼마나 알고 계셨나요?

페터 오피츠·정미현·한스 스트룹 지음
정미현 옮김

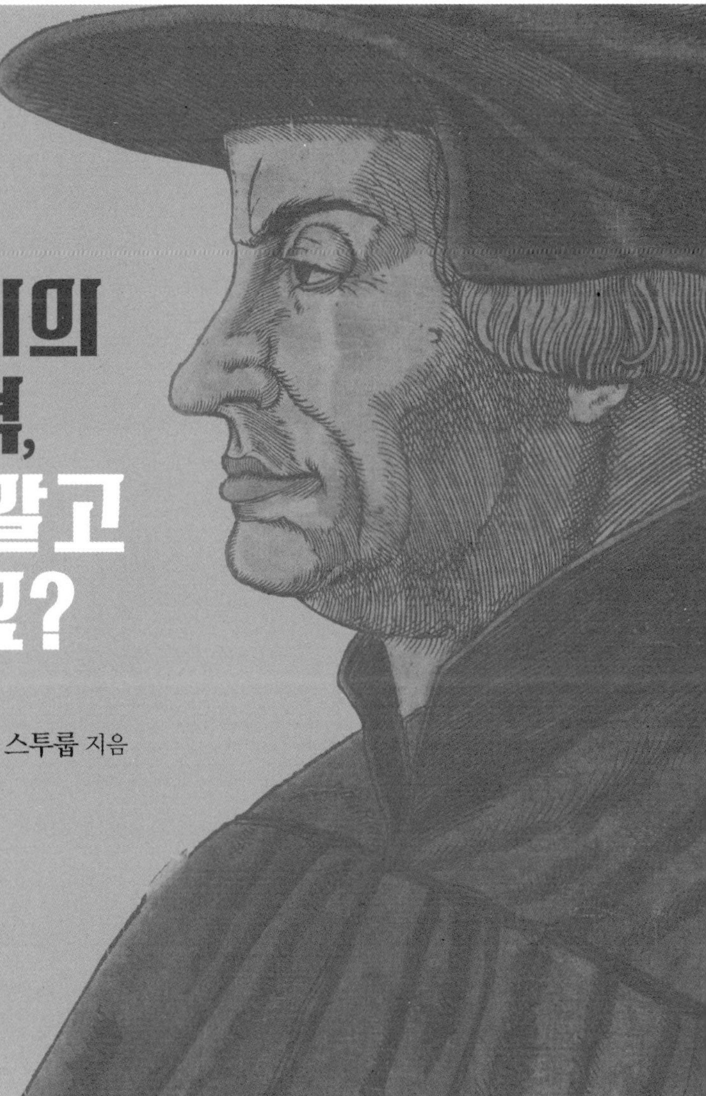

츠빙글리의 종교개혁, 얼마나 알고 계셨나요?

페터 오피츠·정미현·한스 스투릅 지음
정미현 옮김

연세대학교 대학출판문화원

츠빙글리의 종교개혁, 얼마나 알고 계셨나요?

지은이 페터 오피츠·정미현·한스 스투룹
옮긴이 정미현
펴낸곳 연세대학교 대학출판문화원
주소 서울시 서대문구 연세로 50
등록 1955년 10월 13일 제9-60호
전화 02) 2123-3380~2
팩스 02) 2123-8673
전자우편 ysup@yonsei.ac.kr
웹사이트 http://press.yonsei.ac.kr
인쇄 (주)화신문화

2020년 2월 28일 1판 1쇄
ISBN 978-89-6850-389-4(03230)

값 12,000원

서문

스위스 취리히 대학 신학부 학장인 페터 오피츠 교수는 16세기 스위스 종교개혁의 역사적, 신학적 맥락과 내용에 대하여 가장 책임있고 알찬 내용을 전해 줄 수 있는 전 세계적으로 가장 권위 있는 학자이다. 이미 우리나라에도 그의 책 『울리히 츠빙글리: 개혁교회의 예언자, 이단자, 선구자』, 『요한네스 칼빈의 생애와 사역』등이 소개되어졌다. 이번에 선보이는 책은 좀 더 대중적으로 스위스 종교개혁을 설명하는 것이다. 이 책은 스위스 종교개혁의 핵심을 아주 간략하게 해설함으로써 일반인들도 쉽게 다가갈 수 있도록 전문적인 각주나 학문적 설명을 절제하면서도 잘못된 선입견이나 오해를 풀어주고 본질적 의미와 내용을 소개해 주고 있다.

저자는 츠빙글리와 스위스 종교개혁에 대하여 포괄적으로 이해할 수 있는 역사적 사실을 풍부하게 제시한다. 종교개혁을 수행하는 과정에서 점진적이며 단계별로 접근하였던 16세기의 방식을 21세기에 문자주의적으로 그대로 적용할 필요는 없겠다. 오히려 그의 정신을 이어받아 오늘에 접목시키며 미래를 준비하는 지혜가 필요하겠다.

이 책은 오피츠의 글을 포함하여 취리히 종교개혁을 조금 더 알리기 위한 의도로 역자가 몇 가지 내용을 추가하여 편집하였다.

첫 부분은 페터 오피츠,『츠빙글리의 종교개혁, 얼마나 알고 계셨나요?』 둘째 부분은 역자의 논문, "용병제도를 통해 본 츠빙글리 종교개혁의 사회경제적 배경" 세 번째 부분은 스위스의 개혁교회 목사이자, 오랫동안 목회자 교육을 담당했던 한스 스투릅의 츠빙글리 연극 대본 "츠빙글리 종교개혁 이야기 12 마당" 이다. 머지않은 미래에 우리나라의 연극 무대에서도 이 대본이 연출된 작품으로 형상화 되기를 바라는 마음 가득하다. 이 대본은 전체가 극화되는 경우도 있지만, 현재 스위스의 여러 교회에서 상황에 맞게 부분적으로 연극으로 무대에 올려져 과거를 현재로 이어주고 있다.

본래 츠빙글리와 함께 한 동료이자 제자였으나 그의 개혁의 속도와 방법이 온건하다고 보며 보다 급진적이고 속도감 있는 개혁을 원하였던 재세례파와의 갈등은 츠빙글리 종교개혁의 어두운 그림자이다. 1989년부터 스위스 개혁교회와 세계성례공동체 연맹(전 세계개혁교회 협의회)은 과거의 과오에 대한 인정과 죄책고백을 통하여 츠빙글리의 두 유형의 후예들이 서로 화해할 토대를 마련하였으며 2019년 츠빙글리 종교개혁 500주년을 함께 기념하였던 바가 있다. 츠빙글리의 종교개혁적 유산을 보다 깊이 있게 성찰하기 위해서는 이들 비주류 재세례파에 대한 올바른 이해가 필요하다. 다양한 형태로 발전한 재세례파의 후예들 가운데 평화주의적, 생태 친화적 운동을 이끌어간 이들과의 상호 보완적 협력은 갈등과 파괴가 증폭된 오늘날 21세기에 더욱 필요할 것이다.

이 책의 첫 부분 오피츠의 글은 지난 여름 독일어권으로 유학을 준비하는 학생들을 위한 강독 모임에서 교재로 사용하였다. 오피츠는 이 강독 모임의 참석자 가운데 한명이었던 양세규의 박사과정 지도교수(Doktorvater)인데, 번역 작업에 그가 동참해 준 것에 대해 이 자리를 빌어 감사의 마음을 전한다.

이 책의 발간을 위하여 재정적 지원을 아끼지 않은 취리히 대학 신학부 학장 오피츠 교수와 스위스 취리히 대학 신학부에 깊은 감사를 드린다. 츠빙글리 종교개혁 500주년을 기념하는 2019년, 그의 개혁 정신을 기리는 내용들을 우리 사회에 소개할 수 있도록 이 책의 발간을 준비할 수 있는 것은 역자에게 큰 기쁨과 감사로 다가온다. 언제나 그렇듯, 학문적 여정에 기도로 동반하여 주시는 어머니와 함께 이 기쁨과 감사를 나누고 싶다.

2019년 11월 30일 연세대학교 루스채플 연구실에서

정미현

CONTENTS

I

페터 오피츠,
『츠빙글리의 종교개혁, 얼마나 알고 계셨나요?』 01

II

정미현,
용병제도를 통해 본 츠빙글리 종교개혁의 사회경제적 배경 45

III

한스 스투룹,
츠빙글리 종교개혁 이야기 12 마당 79

I

페터 오피츠

『츠빙글리의 종교개혁, 얼마나 알고 계셨나요?』

그림출처 : 한스 아스퍼(Hans Asper)의 작품을 기초로 루돌프 뷔젠바흐(Rudolf Wyssenbach)가 완성한 츠빙글리 초상화(취리히 중앙도서관소장)

알고 계셨나요?

1. 종교개혁자들이 오래 전 세상을 떠났다는 것이 참 다행이라는 사실?
2. '새로운 신앙'을 가진 종교개혁자는 없다는 사실?
3. 루터를 이야기하며 츠빙글리를 생각할 수 있다는 사실?
4. 독일에서 루터는 감정적으로 스트레스를 가져오는 요소라는 사실?
5. 종교개혁자들이 먹고 마시는 잔치를 금지한 것은 쾌락에 대한 반감 때문이 아니었다는 사실?
6. 스위스 종교개혁자들이 교회에서 목사 가운을 입지 않도록 했다는 사실?
7. 여성들이 종교개혁에서 중요한 역할을 했다는 사실?
8. 종교개혁의 역사가 알고 있는 것을 바탕으로 알지 못하는 것을 미루어 짐작하는 드라마보다 더 흥미진진하다는 사실?
9. 종교개혁에서 유토피아주의자들이 중요한 역할을 했다는 사실?
10. 웃음이 신적 정신의 표징이라는 사실?
11. 종교개혁자들이 주교를 봉사자로 대체하였다는 사실?
12. 취리히 츠빙글리 기념동상이 사실 전혀 츠빙글리를 기념하고 있지 않다는 사실?
13. 선물을 받는 것이 종교개혁 시대에는 사형에 해당하는 죄였다는 사실?
14. 종교개혁은 또한 부정부패와 맞섰다는 사실?
15. 칼뱅의 친구들 없이는 칼뱅주의도 없었을 것이라는 사실?
16. 개혁교회 신자들 또한 '개신교적'이라는 사실?
17. 스위스 종교개혁이 전 유럽적 문제였다는 사실?
18. 프로샤우어가 출판한 성서는 그림으로 가득하다는 사실?
19. 츠빙글리는 당대 음악의 애호가였다는 사실?
20. 유대인 의사가 츠빙글리에게 히브리어를 가르쳤다는 사실?
21. 종교개혁자들이 오랫동안 연극에 관심을 갖고 권장했다는 사실?

1. 알고 계셨나요? 종교개혁자들이 오래 전 세상을 떠났다는 것이 참 다행이라는 사실?

종교개혁을 기념하는 때에 종교개혁자들은 단지 문제만 일으킬 듯 합니다. 그들이 우리에게 여러 점에서 낯선 옛 시대의 인물인 까닭만은 아닙니다. 무엇보다 그들의 메시지가 우리에게 문제로 다가올 수 있겠습니다. 마르틴 루터(Martin Luther 1483-1546)가 비텐베르크 교회 문에 게시한 그 유명한 논제를 우리가 단지 기념하는 것 뿐만이 아니라, 그 논제를 문자주의적으로 읽게 되면 문제는 곧바로 분명해집니다. 이것은 바로 참회에 관련한 이야기입니다. 인간적 자기중심성에서 벗어나서 오직 하나님께로 돌아서는 것에 대한 이야기입니다. 물론 요즘 그런 것에 관해서는 거의 이야기하지 않지만요. 오히려 우리는 종교개혁자들을 양심의 자유의 선구자 혹은 사회 개혁자라는 이름으로 기념합니다. 그리고 동시에 우리도 조금이나마 그런 일에 끼워 넣고 싶어 합니다. 그렇게 정치가들, 또 종교개혁에 관련된 크고 작은 여러 분야의 전문가들은 축하 행사에서 청중 앞에 자신들을 내세웁니다. 언론인들은 잡지나 방송을 위한 소재 얻는 것을 고마워 할 따름입니다. 개신교회들은 이러한 기회에 대중의 관심이 늘어나기를 기대합니다. 관광업계는 어차피 돈벌이가 될 만한 것이 무엇인지만 생각합니다. 마찬가지로 교회를 비판하는 사람들은 종교개혁자들의 한계와 오류, 오판을 지적할 기회만을 엿봅니다. 그래서 다시 한 번 자기 자신과 대중들에게 종교적인 모든 것에 대한 스스로의 우월함을 확인하려고 합니다.

여기서 그 어떤 것도 나무랄 일이라고 낙인찍어서는 안 됩니다. 이것이 세상이 움직이는 방식이며, 필자도 그 가운데 있는 것이니까요. 하지만 누군가가 - 물론 순전히 이론적인 질문이지만 - 종교개혁자들이 정말로 무엇을 이야기하고자 했을까 묻는다면 어떨까요? 그들은 인류의 문화 여정을 이끄는 위대한 인물로 기념되기를 바랐다고 생각할 수 없을 것입니다. 그들은 교회의 창립자가 되기를 바라지도 않았습니다. 또한 종교개혁이 진행되던 과정에 대해서도 결코 만족하지 못했습니다. 울리히 츠빙글리(Ulrich Zwingli 1484-1531)는 연방의 사람들 절반의 반대로 실패했습니다. 그리고 루터에게 영주들의 비호로 생겨난 루터교라는 개념 자체는 잘못 전개된 것이었습니다. 아마 루터는 사랑하는 독일인들에게 마태 복음서 23장 29절을 이렇게 해설해 주지 않았을까요? "예언자의 무덤을 만들고 이를 장식할 때 예언자를 존경하는 것이 아닙니다. 오히려 예언자와 같이 가르치고, 살고, 믿을 때 예언자를 진정으로 존경하는 것입니다." 이 물음에 츠빙글리는 분명 루터에게 동의할 것이며 그가 아꼈던 스위스 연방 사람들을 가리키며 이렇게 보완할 것입니다. "주님 앞에서 증언합니다. 모든 사람이 나의 글을 한 번 읽게 되면, 그 다음에는 나의 이름을 잊어주길 바랍니다." 그의 이름을 잊어주기를 바랄 뿐 아니라, 그 이전에 먼저 그의 글을 꼭 읽어주길 진심으로 바랐을 것입니다. 2017년 루터 종교개혁 500주년 축제에서 참 다행스런 것은 종교개혁자들이 오래 전에 세상을 떠났다는 사실입니다.

2. 알고 계셨나요?
'새로운 신앙'을 가진 종교개혁자는 없다는 사실?

"서구 그리스도교에서 옛 신앙인과 새 신앙인을 구분하는 16세기의 과정들"을 종교개혁이라고 지칭합니다. 이것이 사전에서 정의하는 내용입니다. 옛 신앙과 새 신앙? 이것은 흔한 표현입니다. "새 신앙인"들은 "옛 신앙인"들을 우상숭배자로 모욕했고 "옛 신앙인"들은 "새 신앙인"들을 산 채로 화형했다고 말하는 것이, 개혁교회 신자와 가톨릭교회 신자라고 표현하는 것 보다 우리가 살고 있는 교회일치의 시대에 간단해 보입니다. 개혁교회 신자들에게는 이렇게 속삭입니다. 우리는 미래를 지향하는 "새 신앙"으로 무장하고 있으며 암흑의 중세를 떠나보내고 "새 시대"의 등불을 밝혔다고 말이지요. "종교개혁 500주년"의 축사를 맡은 이들 상당수가 이렇게 노래할 것입니다.

하지만 새 신앙인이라는 표현은 종교개혁을 추종하던 사람들에게 최악의 비난이었다는 사실, 알고 계셨나요? 왜냐하면 이런 표현은 사실 "몇몇 과대망상증 환자들이 어떤 새로운 종교, 즉 루터교, 츠빙글리교, 칼뱅교를 창립하고 있다"는 말이나 다름없기 때문입니다. 이러한 비난에 맞서서 종교개혁자들이 언제나 스스로를 변호했다는 사실은 놀랍지 않습니다. 1537년 하인리히 불링거(Heinrich Bullinger 1504-1575)는 "우리의 옛 신앙일 뿐 아니라 태고의 참되고 오염되지 않은 신앙을 새로운 분파라는 악평으로

끌어들이고자 원하는 이들에 대한 우정 어린 경고"를 썼습니다. "옛 신앙"이라고 이름 붙인 불링거의 책은 개혁 신앙이란 것이 어떤 새로운 발견이 아니라는 점을 말하고자 합니다. 오히려 종교개혁에서 중요한 것은 성서가 우리에게 증언하고 있는 옛 신앙 즉 그리스도에 대한 신앙을 다시금 진지하게 받아들이며, 그 본질을 흐리고 왜곡시킨 후대에 고안된 것들을 정화하는 일입니다. 그리고 장 칼뱅은 이렇게 도식화합니다. "그들이 우리의 가르침을 새로운 것이라고 지칭한다면, 그들은 하나님을 모독하는 것이다. 왜냐하면 하나님의 성스러운 말씀을 결코 새로운 것이라고 비방할 수 없기 때문이다. 그 말씀이 그들에게 실로 새로운 것이라는 사실을 나는 추호도 의심하지 않는다. 그리스도가 새로운 사람에게는, 복음 또한 새롭다."

여기에서 옛 종교적 전통을 다시 장려해야 할 지, 아니면 구시대의 폐단을 끊어내고 시대에 발맞추어 나아가야 할지에 대한 물음이 분명해지는데, 이에 대하여 논쟁할 수 있겠습니다. 그러나 이는 종교개혁과는 관련이 없습니다. 종교개혁자들에게 중요했던 것은 어제와 오늘의 인간의 종교적 상상력이 만들어낸 모든 발명과 구별되는 '하나님의 거룩한 말씀'을 듣는 것이었습니다. '상쾌하고 새로워라, 모든 아침이여, 크시도다, 주님의 은총과 미쁘심이여' 이렇게 종교개혁 시대의 한 찬송가는 모든 그리스도인의 옛 신앙을 노래합니다. 그렇기 때문에 사람들은 대림절을 기리는 것입니다. 한번 뿐이 아니라, 매년 말입니다.

3. 알고 계셨나요?
루터를 이야기하며 츠빙글리를 생각할 수 있다는 사실?

종교개혁 축제에 대한 독일개신교연맹(Die Evangelische Kirche in Deutschland)의 웹사이트(www.luther2017.de)는 마르틴 루터와 모든 좋은 것을 연관 짓고 있습니다. 이 사이트의 글을 읽는 사람들은 루터와 경쟁하는 사람들이 모두 사라져야 한다고 생각하게 됩니다. 분명 스위스 종교개혁자 울리히 츠빙글리도 그 영향을 받고 있는데요. 거기서 그는 "손에 칼을 쥐고 죽은" "급진적 종교개혁자"로 묘사됩니다. 종교개혁자로서 츠빙글리의 업적은 다음과 같이 기술됩니다. "시민들은 예배 참석을 강요당했다. 종교개혁 반대자들은 도시에서 추방되었다. 그는 재세례파를 처형하고 로마교회에 충성하는 도시들을 전쟁으로 위협했다."

이러한 맥락에서 흥미로운 것은 2016년 10월 27일 발행된 『시대 (Die Zeit)』라는 잡지에서 "무엇이 오늘날 그리스도교적인 것인가?"라는 물음에 대한 독일개신교회 지도자들의 답변입니다. 독일개신교연맹 총회장 하인리히 베드포드-스트롬(Heinrich Bedford-Strohm 1960-)은 이렇게 대답했습니다. "경건한 사람은 또한 정치적이어야 합니다." 이 생각을 종교개혁 시대로 가져가 보면, 정치와 종교가 가능한 한 분리되길 바랐던 루터에게 이르지 않고 오히려 교회의 예언자적 파수꾼의 역할을 강조했던 종교개혁자 울리히 츠빙글리에게로 이어집니다. 독일개신교회 전임 총회장 니콜라우스 슈나이더(Nikolaus Schneider 1947-)도 이 물음에 답하며 "교파를 초월하는 공동체성"의 의미에 주목했습니다. 하지만 여기서도 신조를 문자 그대로 따르지 않는 그 어떤 사람과도 소통하는 것을 거부한 것으로 잘 알려진 루터를 언급하기는 어렵습니다. 오히려 이에 관해서도 츠빙글리에게서 비롯된 스위스-독일 남부의 종교개혁에 눈길을 돌릴 수 있습니다. 여기서 "공동체"라는 주제는 성만찬의 핵심입니다. 루터와 츠빙글리 사이에 상호간 인정에 근거한 공동체성을 찾고자 소망했던 츠빙글리의 바람은 불행하게도 루터의 거절에 부딪히고 말았습니다. 앞서 제기된 질문에 대한 독일 종교개혁 홍보대사 마르고 캐스만(Margot Käßmann 1958-)의 답변은 마태 복음서를 인용하는 것으로 마무리됩니다. "낯선 이에게 머물 곳을 제공하는 사람이 그리스도를 따르는 사람입니다." 다시 한 번 말하지만, 마태복음이 가르치는 것과 같은 "행동하는 그리스도교"는 루터의 가르침에 기인하지 않습니다. 반면 츠빙글리는 바로 이 마태 복음서를 주석하며 취리히에서 그의 설교를 시작했습니다. 여기서 인용한 독일개신교회연맹을 이끄는 세 사람의 목소리, 루터적이라고 간주된 이 목소리들은 그들이 알고 있는 것보다 오늘날의 그리스도인됨에 관해 "급진적"이라고 표현된 취리히 개혁자의 영향을 오히려 더 많이 받은 것입니다. 독일개신교연맹이 무슬림을 존중하는 것만큼 츠빙글리를 존중하기까지에는 아직 시간이 더 필요할 것 같습니다. 종교개혁 축제 웹사이트가 이를 보여줍니다.

4. 알고 계셨나요?
독일에서 루터는 감정적으로 스트레스를 가져오는 요소라는 사실?

비텐베르크 성교회(Schlosskirche)의 제단화에 대해 알고 계신가요? 그 그림에서 마르틴 루터는 예수와 그의 제자들과 함께 식탁에 앉아 최후의 만찬에 참여하고 있습니다. 그의 옆에는 그가 번역한 성서 인쇄업자가 자리 잡고 있습니다. 이 그림에서 전하고자 하는 메시지는 분명합니다. 루터는 자신의 가르침을 그 원천에서 찾고자 합니다. 이는 신적인 원천에 속하는 것입니다. 종교개혁 후 500년이 지나서 "루터의 해 2017 (Lutherjahr 2017)"을 기념하는 로고가 주는 암시도 이와 대단히 유사합니다. 루터의 초상 위에는 이런 문장이 있습니다. "태초에 말씀이 계셨다. - 마르틴 루터." 루터는 우리에게 자유를 가져다주는 빛나는 형상입니다. 수 세기 동안 사람들은 루터를 종교적인 의미에서 뿐 아니라 민족적인 영웅으로 독일의 헤라클레스라고 추앙했습니다. 그의 이름을 따르는 헤아릴 수 없는 거리와 집, 광장이 이를 증명합니다. 독일 연방의회가 수백만 유로를 들여 만든 "루터의 해 (Lutherjahr 2017)" 광고는 스위스에 까지도 도달했습니다. 그러나 분명한 것은 관광 사업이 루터의 저술을

실제로 읽는 사람들을 훨씬 압도할 것이라는 사실입니다.

자극적인 시도이기는 합니다만, 그렇게 바로 독일에서는 위대한 종교개혁자의 어두운 면을 지적하는 목소리가 계속하여 커지고 있습니다. 분쟁을 즐기는 호통꾼 루터, 근본주의자, 관용의 적, 유대인 혐오자, 악마에게 이끌린 불안한 신학자, 농민들을 학살하라고 제후들에게 조언한 자, 모든 악의 근원 루터라고 말입니다. 무게추가 이렇게 기울어지면서 이 가난했던 비텐베르크 수사는 그 자신이 보기에도 놀랄 정도로 미디어 스타가 되어버렸다는 사실을 그 자신도 유감스럽게 여길 것입니다. 스위스 종교개혁자들 또한 변덕스런 비텐베르크 사람과 함께 고초를 겪습니다. 그들은 루터에게 약간의 빚을 지고 있으나 사실 루터가 주장하는 것보다 빚을 훨씬 덜 지고 있습니다. 계속하여 그들은 루터에 의해 이단자로 모욕당했습니다. "복되어라, 저 스위스인의 무리에 속하지 않는 사람" 이라고 루터는 죽기 직전 읊조린 바 있습니다. 이에 분개한 어떤 바젤 목사는 하인리히 불링거의 집에서 루터의 "무례함"과 "교만"을 불평하며 이것은 모두 루터가 맥주를 너무 많이 마신 탓으로 돌렸습니다. 한편 불링거는 문제를 보다 냉정하게 바라보았고, 따라서 그 독일 개혁자에게 존경을 표할 수 있었습니다. 루터의 죽음에 대한 소문이 스위스에 이르자 불링거는 동료 목사들이 비텐베르크 사람에 대해 악담을 하지 못하도록 했습니다. 그리고 이렇게 썼습니다. "루터가 세상을 떠났다면, 행복하게 눈을 감았기를 바란다. 왜냐하면 가장 훌륭한 사람들이 마땅히 존경받고 칭송받아야 하듯이 그에게는 그러한 자질이 많기 때문이다. 옛 시대 교회의 위대한 인물들 모두 나름대로의 결함이 있었다. 그것은 사람들이 그를 하나님처럼 여기지 않게 하려 함이다." 2017년 말 이전에 독일에서 찾아보기 어려웠던 한 견해입니다.

5. 알고 계셨나요?
종교개혁자들이 먹고 마시는 잔치를 금지한 것은 쾌락에 대한 반감 때문이 아니었다는 사실?

완벽한 쾌락을 추구하는 것을 인생의 표어로 떠벌리던 18세기의 어느 계몽주의 철학자는 커다란 파이를 먹으며 죽음을 발견했다고 이야기했습니다. 대부분의 사람들이 굶주리던 시대, 왕궁에서 맞는 유쾌함이 가득한 죽음입니다. 1536년 베른이 칸톤 보(Vaud) 지역에 종교개혁을 도입하자 종교적 금식계율이 금지되었을 뿐 아니라, 폭식과 폭음을 금지하는 법령도 공표되었습니다. 과도한 축하행사들은 금지되었고, 벌금이 부과되었습니다. 취리히와 제네바에서도 유사한 조치가 이루어졌습니다. 이것은 개혁주의자들이 쾌락을 억압했기 때문에 생긴 일이었을까요? 16세기 말 결혼식 피로연에 내놓는 음식에 대한 상세한 규정 목록은 이에 대해서 말해주고 있습니다. 또한 다른 것들도 제한되었는데, 예를 들면 주사위 놀이나, "건배"라는 인기 있는 음주 관행도 금지되었습니다.

그러나 이는 가톨릭 지역에서도 마찬가지였습니다. 그리고 이는 이미 종교개혁이 일어나기 훨씬 전인 15세기부터 있었던 것입니다. 자세히 살펴보면 그 까닭을 발견합니다. 인구 대부분이 빠듯하고 천편일률적인 생계 수단으로 살아가고 있었던 곳에서 소수 엘리트가 대 놓고 흥청망청하게 살아가던 모습은 사람들을 자극했을 분 아니라 사회적인 동요로 이어질 수 있었습니다. 결혼식 날 모든 마을 주민들을 극진히 대접해야 했던 사회적 압력은 한때 전통이 되다시피해서 신부 부모를 막대한 빚더미와 가난에 허덕이게 했습니다. 술꾼들은 번 돈을 노름판의 주사위에 내 버렸습니다. 그 결과에 따라 아내와 자녀 모두가 굶주리게 되기도 하였습니다. 우리가 보기에 마치 정부의 풍기단속처럼 보이는 일들은 사실 모든 사람, 또한 무엇보다도 약자의 안녕을 보호하기 위한 사회적 조치로 고안되었던 것입니다. 처음 보기와는 달리 이것은 우리에게 그렇게 낯선 것은 아닙니다. 최근에서야 국가에 의해 흡연의 자유가 제한되면서 비흡연자가 열차와 식당에서 보다 쾌적하게 머물 수 있게 되었습니다. 건강상의 이점을 제외하고서라도 말입니다. 돈놀이는 오래 전부터 도박법을 통해 제한되고 있습니다. 정신을 잃을 정도로 과음하는 젊은이들의 모습이 개인의 자유이자 삶의 즐거움에 해당하는 일일 뿐이라며 환영하는 사람들을 이제 우리는 주변에서 찾아보기 어렵습니다. 국가가 건강을 강요하는 것인가요? 아니면 21세기가 반 쾌락주의 사회로 되어버린 것인가요?

종교개혁자들은 자유의 편에 섰습니다. 자유는 오직 자기 파괴적인 방종과 구분될 때 가능한 것입니다. 종교개혁자들은 사람들의 개인적 삶에 절제와 중용을 권했습니다. 절제할 수 있는 사람만이 정말로 자유로운 것입니다. "음식을 너무 과도하게 먹지 마시오."이와같이 사람들의 일상적 삶과 관련해 불링거가 권고한 내용을 보면, 그에게 모든 의료보험사가 훈장을 수여할 만합니다.

6. 알고 계셨나요?
스위스 종교개혁자들이 교회에서 목사 가운을 입지 않도록 했다는 사실?

하나님은 "위선자를 마음에 들어 하지 않으신다. 이로부터 알 수 있는 사실은 사람 앞에서 거짓되게 자신을 과시하는 모든 것은 커다란 위선이며 하나님을 모욕하는 일이다. 따라서 성직자의 예복과 종교적 표식들은 불필요하다." 1523년 츠빙글리가 한 말입니다. 이 말의 배경에 놓인 생각은 간단합니다. 이것은 전형적인 개혁적 입장을 드러냅니다. 하나님 앞에서 모든 그리스도인은 평등하다는 것입니다. 야만인이나 노예들만이 바지를 입던 시절에 고대 로마 시대의 정무관 같은 복장과 외투를 입는다고 해서 그 누구도 하나님께 더 가까이 있다고 착각해서는 안 된다는 말입니다.

종교개혁 이전에 수녀들과 수사들의 복식은 그나마 소박하게 유지되었던 반면, 하나님의 지상 대리인이 입는 사제복은 하나님의 영광을 드러내야 했습니다. 가령 16세기의 한 목격자에 따르면 상 갈렌(St. Gallen) 수도원장의 제례복은 금과 은으로 과도하게 치장되어서 미사를 집전할 때는 제례복의 구멍 아래에서 누군가가 받쳐 주어야 했다고 합니다. 그래야 어떻게든 움직일 수 있었고, 사제로서 의식을 거행할 수 있었습니다.

종교개혁은 이른바 "영적 계급", 곧 수녀와 수사, 수도원장과 사제의 직제를 폐지했습니다. 남아 있는 것은 다만 봉사자일 뿐입니다. 이제 이들 "말씀의 봉사자"는 "목사"라고 불립니다. 신적 권능을 매개하며 인간적 계획을 축도해 주는 대신에, 목사들은 이제 성서를 해석하며 예언적이고 비판적인 방식으로, 또한 사목적이고 치유적인 방식으로 하나님의 말씀을 기억해야 했습니다. 목사란 이러한 특정 과업을 맡은 교구의 보통 신자입니다. 마찬가지로 그들은, 하인리히 불링거가 곧이 곧대로 표현하듯 "구약성서의 레위 지파 제사장처럼" 옷을 입고 예배를 집전해서는 안 되었습니다. 오히려 평범한 사람들이 주일에 입던 것과 같이 입어야 했습니다. 그러나 종교개혁을 통해 수립된 이 원칙은 이후 프로이센 관료들이 입던 법복이 스위스에서도 목사의 의복으로 대체되어 자리 잡으면서 사라집니다.

19세기 목사들에게 권위와 품격을 부여했던 이 복장은 시장경제체제의 오늘날의 시대에 일종의 정체성을 드러내는 디자인(Corporate Design)같은 필수적인 것이 되었습니다. 회사에 다니는 사람 모두가 같은 옷을 맞춰 입는 개념이지요. 가령 취리히 교회는 목사가 "원칙적으로" 목회자 가운을 입어야 한다고 규정하고 있습니다. 이에 비해 종교개혁자 하인리히 불링거와 울리히 츠빙글리는 말씀 선포의 내용에 더 중점을 두었습니다. 목사들이 종교적인 대제사장이 아니라, 오히려 낯설게 여겨지던 하나님 말씀의 봉사자라는 사실에 중점을 두었습니다. 여기서 그들의 의복이 오해를 불러일으켜서는 안 되었습니다. 어쨌든 취리히 교회법은 정기적이지는 않더라도 그 사람들이 가끔씩이라도 설교할 수 있도록 허용했습니다.

7. 알고 계셨나요?
여성들이 종교개혁에서 중요한 역할을 했다는 사실?

글의 힘과 저술로 역사책에 들어간 위대한 종교개혁자들은 모두 남성이었다는 사실을 인정하지 않을 수 없습니다. 이것이 실로 놀라운 일은 아닙니다. 고등교육기관에서 라틴어를 배우고, 그럼으로써 유럽의 지성 세계와 인쇄업계에 들어갈 수 있는 기회를 얻은 사람들은 인구의 극소수에 불과했습니다. 그리고 그들은 모두 남성이었습니다. 사교육을 받을 수 있었고, 높은 지위에 있던 아주 소수의 여성을 제외한다면 말입니다. 그러나 종교개혁이 젠더감수성을 결여하고 있다고 비난하는 사람들은 이 사실을 기억해야 합니다. 종종 칭송받던 계몽주의의 시대에서조차 이러한 성 불균형의 상황은 크게 다르지 않았다는 것입니다. 스위스에서 최초로 1864년에 이르러서 취리히 대학(츠빙글리의 대학이라는 것이 우연이 아니죠)은 여성의 입학을 허용합니다. 여성들이 발언권과 투표권을 얻기 위해서는 100여년 이상의 시간이 더 필요했습니다.

그런데 성 평등 정책이 없었다고 하더라도 종교개혁은 남성들만의 일이 아니었습니다. 어떤 시골 아낙네가 거름 치는 쇠스랑을 가지고 수사를 쫓아버리는 그림은 이를 분명히 보여줍니다. 마찬가지로 종교개혁 시대에 여성에 의해, 여성에 대해 기록된 문서들이 이를 뚜렷이 증언합니다. 종교개혁의 시기에 여성들은 매우 다양한 역할을 합니다. 시 정부 당국에 복종하지 않고 저항했었기 때문에 감옥에 가야 했던 재세례파 여성들이 있었습니다. 이들은 교육도 제대로 받지 못한 사람들이었습니다. 여성과 남성을 가리지 않고 수백 명의 개신교도들을 잔인하게 처형하며 가톨릭 신앙과 자신의 왕위를 수호하고자 했던 여왕도 있었습니다. 용감하고 대담하게 확신을 지키며 심지어 그녀의 남편 장례예배에서 직접 설교를 했던 교육받은 여성 종교개혁자도 있었습니다. 세 명의 위대한 종교개혁자들과 차례로 결혼하고 마지막 남편을 망명지에서 돌본 여성도 있었습니다. 수없이 많은 수녀들이 도움이 필요한 사람들에게 더 효율적으로 봉사하고자 확신을 가지고 수녀원을 떠났습니다. 그리고 자신의 자녀들을 개혁 신앙 안에서 양육했습니다. 이들이 종교개혁 1세대입니다. 사제들의 숨겨진 연인들은 처음으로 자신과 그 자녀들을 위한 완전히 다른 삶의 기회를 얻었습니다.

이처럼 이 모든 사람들이 종교개혁과 관련되어 있었습니다. 이들 모두는 각자의 방식과 자리에서 좋든 나쁘든 그 시대의 선구자적 삶을 살았습니다. 우리의 세계는 저술 활동을 통해서만 형성되거나 변화하지 않았습니다. 수많은 사람들의 생각과 의지, 행동에 의해 세계는 형성되고 변화합니다. 그리고 그 절반은 종교개혁 시대에도 여성이었습니다.

8. 알고 계셨나요?
종교개혁사의 역사가 알고 있는 것을 바탕으로 알지 못하는 것을 미루어 짐작하는 드라마보다 더 흥미진진하다는 사실?

취리히 종교개혁자 울리히 츠빙글리에 관해 어떤 저널리스트가 다음과 같이 짧게 쓴 글이 있습니다. "1518년 12월 11일 참사회원들은 만장일치로 츠빙글리를 새 민중사제로 선출했다." 만장일치라고요? 종교개혁사를 연구하는 제가 호기심을 갖지 않을 수 없지요. 한번 살펴보도록 하겠습니다.

최근 몇년 동안의 츠빙글리 전기를 살펴보는 것은 별로 도움이 되지 않았습니다. 이에 관해서는 우선 1976년 역사가 포터가 쓴 영어로 된 츠빙글리 전기에서 해답을 찾을 수 있었습니다. "17명 중 7명의 찬성"이라고 포터는 전합니다. 그러니까 결코 만장일치는 아니지요. 하지만 안타깝게도 포터는 이 내용에 대한 전거를 제시하지 않고 있습니다. 그래서 제가 더 오래 된 츠빙글리 전기들을 조사해 보았더니, "24명 중 17명의 동의"(슈미드 클라우징, 1965, 근거제시 없음), "17명이 츠빙글리의 선출을 동의했다."(파르너, 1946, 근거제시 없음), "24명 중 17명의 동의"(에글리, 1909, 근거제시 없음), "스물 네명 중 열입곱명의 동의"(슈테헬린, 1895, 근거제시 없음), "24명 중 17명의 동의"(핀슬러, 1873, 근거제시 없음), "17명의 동의"(로텐문트, 1818, 근거제시 없음), "17명이 찬성표를 던졌다"(뉘셸러, 1776, 근거제시 없음) 이렇게 전하고 있으나 모두 그 출처를 제시하고 있지 않습니다.

저는 시대를 거슬러 종교개혁 250년 후에 자료들도 살펴 보았습니다. 츠빙글리가 선출된 지 불과 수십 년 후 불링거는 종교개혁사를 쓰며 그 과정에 관해 상세히 다루었습니다. 그는 츠빙글리에게 찬성표를 던진 일곱 명의 이름을 거론합니다. 스물네 명으로 추정되는 참사회원 중 이들을 제외한 누가 츠빙글리의 선출에 찬성하였는지에 대해서는 그 또한 언급하지 않습니다. 1518년 12월과 1519년 1월 사이에 츠빙글리가 쓴 몇몇 편지들도 이렇다 할 도움이 되지 않았습니다. 다만 확실한 것은 츠빙글리가 선출되기 나흘 전 추기경 대사가 그에게 용기를 갖고서 이렇게 말했다는 사실입니다. "참사회원 대부분이, 그리고 특히 영향력 있는 이들이 자네를 지지한다네!"

여기에 제 의견을 덧붙입니다. 대학교수가 이런 부수적인 일을 추적할 수 있을 만큼의 무한한 시간을 갖고 있을 것이라고 생각하는 사람은 없을 것입니다. 그렇지만 시간의 여정 속에서 그런 작은 것들 가운데 일어나는 것은 또한 사람들이 평생에 걸쳐 이룩하는 업적 전체와 사고, 가치 판단에 영향을 미칩니다. 이것으부터 우리는 무엇을 배울까요? 우선 역사는 알고 있는 것을 바탕으로 알지 못하는 것을 미루어 짐작하는 드라마보다 더 흥미진진하고, 모든 사람 각자가 탐정이 되어볼 수 있다는 사실입니다. 다음으로 학문적 역사가를 '일반인'으로부터 구분할 것이 별로 없다는 것입니다. 전문적 역사가라고 다른 사람들보다 훨씬 더 많이 알고 있지도 않습니다. 다만 학문적 역사가는 실제로 무엇인가를 모른다는 것을 좀 더 잘 알고 있을 뿐이지요. 하지만 역사가가 이 점에서 항상 일반인들과 구분되는 것은 아닙니다.

9. 알고 계셨나요? 종교개혁에서 유토피아주의자들이 중요한 역할을 했다는 사실?

1523년 4월 28일 취리히 남동쪽의 한 농촌 마을 뷔티콘에서 무언가 특별한 일이 있었습니다. 미사가 끝난 뒤에 사제가 교회의 회중들을 자신의 결혼식에 초대했습니다. 츠빙글리와 그의 동료들이 사제의 결혼을 교회 차원에서 승인해 달라는 요청을 한 지 일 년 만에, 뷔티콘 마을 사제 빌헬름 로이블린(Wilhelm Reublin)이 이를 실천했던 것입니다. 다른 사람들이 이에 동참했습니다. 일 년 뒤에 츠빙글리도 결혼합니다. 시의회는 이제 이 문제를 다루지 않을 수 없었습니다.

로이블린은 성인숭배를 폐지하는 일과 그리스도교 신앙을 고백하는 일, 사회 정의를 구현하는 일이 모두 같은 것이라고 여겼습니다. 슈베르첸바흐(Schwerzenbach)에서 그는 농부를 수탈하는 토지 관리인을 비판하는 설교를 했고, 1525년에는 츠빙글리와 공개적으로 유아세례에 관해 논쟁했습니다. 취리히가 그를 더 이상 용인할 수 없다는 사실이 분명해졌습니다. 이미 그는 급진적인 태도로 인해 바젤에서 추방당한 바 있습니다. 할라우에서도 도망쳐야 했습니다. 그곳의 거의 모든 거주민에게 세례를 주고 나서 곧 피신해야 했던 것입니다. 다음으로 찾은 두 지역 스트라스부르(Strassburg)와 에

슬링엔(Esslingen)에서도 상황은 마찬가지였습니다.

합스부르크 제국의 군대에 쫓기며, 여러 번 찾아온 죽음의 위기로부터 간신히 벗어나고, 온 몸으로 고문과 투옥을 견디어 내야 했던 로이블린의 곁에는 그러나 그의 아내와 친구들이 있었습니다. 마침내 그는 오늘날 체코의 땅, 모라비아 지역으로 향했습니다. 그가 바랐던 것은 사랑과 완전한 공동소유로 표현되는 자그마한 그리스도교 공동체를 건설하는 것이었습니다. 그러나 여기에서도 곧 문제가 생겼습니다. 독재적 태도가 있던 공동체 지도자들 사이에서 권력 투쟁이 생겨났던 것입니다. 이에 더하여 사람들이 그가 사유재산으로 가지고 있던 24개의 금덩이를 발견하자, 공동체는 그를 추방하였습니다. 결국 로이블린은 고향 땅으로 돌아가지 않을 수 없었습니다. 그는 츠빙글리와 거의 동년배였고, 츠빙글리와 마찬가지로 아주 오랫동안 종교개혁 운동에 동참했던 사람이었습니다. 그의 벗과 개혁의 동지들이 이른 나이에 세상을 등져야 했던 반면, 그는 장수했습니다. 나중에 로이블린은 처음 지녔던 모습으로 다소간 돌아온 것 같습니다. 그는 1525년 취리히 재세례파와의 논쟁에서 알게 된 하인리히 불링거와 다시 연락을 주고받기 시작했습니다. 그리고 불링거 종교개혁의 매개자로 활동하며 취리히와 모라비아의 관계를 구축합니다.

로이블린의 말년에 관해서는 알려져 있지 않습니다. 사람들이 종종 말하듯, 그는 그저 유토피아주의자였고, 변덕스런 이상주의자에 지나지 않았던 것일까요? 그의 이상은 매번 실패했습니다. 그러나 그러한 열정가들 없이 종교개혁이 가능할 수 있었을까요? 바젤에서 외콜람파드가, 취리히에서 츠빙글리가 이룬 과업은 어쨌든 로이블린 덕분이기도 한 것입니다.

10. 알고 계셨나요?
웃음이 신적 정신의 표징이라는 사실?

이것은 언제나 울리히 츠빙글리가 생각하던 바였습니다만 종교개혁은 매우 진지한 문제가 아니었던가요? 루터가 말한 것처럼 "죄, 죽음, 악마"에 대한 싸움은 실로 종교개혁의 중요한 관건이었습니다. 그리고 많은 프로테스탄트들, 무엇보다 재세례파들과 다른 소수자들은 웃을 일이 거의 없었습니다. 스위스 연방이라고 다를 것은 없었습니다. 당장 처형을 당하지 않는다고 해도 모욕과 위협의 분위기가 늘 팽배했습니다. 바로 이러한 가운데에서 투쟁자였으나 항상 웃음을 잃지 않았던 종교개혁자 울리히 츠빙글리가 있었습니다. 악의 없는 농담, 다른 사람에 대한 익살, 자기 자신에 대한 역설과 웃음, 적대감이 가득한 가운데서도 위안을 얻는 기쁨. 다른 개혁자나 반대자에게서 결코 찾아볼 수 없었던 이러한 모습을 우리는 취리히 개혁자 츠빙글리에게서 발견합니다.

물론 유머는 취향의 문제입니다. 이를테면 츠빙글리는 죄의 타락을 설명하며 이렇게 말하며 아담의 죄를 (약간) 면책해 주고자 했습니다. 하와가 아담에게 사과를 먹으라고 주었을 때 그는 순순히 복종한 것 뿐이었는데, 결혼한 남자라면 으레 그러는 것이라고 말이지요. 한번은 루터의 근엄함을 이렇게 살짝 놀려대기도 했습니다. 루터가 츠빙글리와 논쟁하며 그를 이렇듯 화려하게, 하지만 무언가 불길하게 비난했을 때의 일입니다. "내가 무엇인가 다른 말을 한다면, 부당한 것일 테고 악마에게 홀린 것일 터이오. 그러므로 하나님과 조국은 나를 도우소서!" 이 말을 들은 츠빙글리는 이렇게 평합니다. "루터는 잘못한 어린 양을 호되게 꾸짖고 나서 이렇게 설교를 마치는 그런 부류의 사제 같군요. '여러분이 달라지지 않고 나도 달라지지 않는다면, 우리는 모두 악마의 사람입니다. 그러므로 성부와 성자와 성령은 우리를 도우소서!'" 츠빙글리는 또한 인간의 자기 인식과 하나님 인식에 관해 크게 자만해하고 있던 인문주의 지식인들을 향해서는 이렇게 언급합니다. "자기 인식에 있어 인간은 먹물로 자기 시야를 흐리게 만드는 오징어와 비슷하다고 하겠지요. 그리고 인간이 하나님에 관해서 안다고 하는 것은 딱정벌레가 인간을 파악할 수 있는 것만큼 아주 조금만 알 수 있는 것입니다."

츠빙글리는 또한 자기 자신에 대해서 더 자주 익살스럽게 표현하곤 했습니다. 어리숙한 농부의 아들이라 귀족 제후들과 교회의 고위 성직자들을 어떤 호칭으로 불러야 할지도 모른다고 말입니다. 그러나 츠빙글리의 반대자들이 언제나 그의 유머를 이해한 것은 아니었습니다. 유머가 있다는 것은 거리를 둘 수 있는 능력을 전제로 합니다. 츠빙글리는 이 능력을 가지고 있었습니다. 자기 자신이 참여했던 논쟁에서 조차 궁극적으로 "복음"의 빛, "기쁜 소식"의 빛을 바라볼 수 있었기 때문입니다. 기쁜 소식은 모든 인간적 관점을 뛰어넘는 것입니다. 이를 이해하는 사람은 결코 웃음을 모르는 사람이 될 수 없습니다. 이를 악물고 있는 그리스도인은 자가당착에 빠지는 것입니다. 츠빙글리는 기쁨이야말로 성서를 올바르게 이해하였는지를 알려주는 척도라고 여겼습니다. 왜냐하면 "진리는 기쁨이 가득한 얼굴을 지니고 있기 때문입니다."

11. 알고 계셨나요?
종교개혁자들이 주교를 봉사자로 대체하였다는 사실?

뉴스를 보면 특급 호텔 앞에 멈춰서는 검은색 리무진들의 모습을 종종 볼 수 있습니다. 또 유럽 어디에선가 고위 장관(Minister)들의 회담이 벌어지고 있는 것이겠지요. Minister라는 단어는 종교개혁 시대에도 흔히 사용되었습니다만, 그 이면에는 그 품격과 지배권에 반하는 비판적인 어조가 들어 있었습니다. 개혁교회의 규정에서 주교직과 사제직은 폐지되었고, 이를 대체하는 하나의 직책이 도입되었습니다. 라틴어로 "미니스테르 (minister)"라고 부르는 이 직책은 단순하게 "봉사자"를 의미합니다.

실로 오늘날에 이르기까지 개혁교회의 목사직은 하나님의 말씀에 대한 "봉사의 직분"입니다. 종교개혁은 예수 그리스도라는 인격체 안에서 "하나님의 말씀"을 새롭게 발견했습니다. 그분 안에서 모든 생명과 모든 선의 원천인 하나님이 인간이 되심으로써 인간을 향하셨습니다. 이것이 그리스도교의 핵심입니다. 섬김을 받지 않으시고 도리어 섬기러 오신 하나님(마가 10장 참조), 이것이 바로 다른 종교로부터 그리스도교를 분명히 구분하는 그리스도교의 요점입니다. 그러므로 개혁교회의 원칙은 언제나 봉사의 원칙입니다. 다양한 과제들을 지닌 사람들이 그 원칙 안에서 행정적으로 나누어 봉사하는 것입니다.

또한 불링거는 사도 바울(로마 13장 참조)의 견해에 따라서 정치 당국을 하나님의 시녀로 이해할 수 있었습니다. 하나님 안에서 그리스도교적 봉사직은 사람들의 공동체에 대한 봉사, 그리고 정의와 평화, 복지를 돌보고 살피는 것입니다. 이어지는 세 번째 영역도 유사한 내용입니다. 불링거에 따르면 봉사란 그리스도교적 결혼의 근본 원칙이자 신비입니다. 결혼에 관해 쓴 글에서 불링거는 성서의 말씀에 집중하고 있습니다. 각자가 상대방의 짐을 지라고 말이지요(갈라디어 6장). 그리고 그는 이것이 어떻게 부부관계 안에서 일상적이며 구체적으로 드러날 수 있는지 상세히 설명합니다.

여기서 중요한 사실은 "미니스테르"라는 라틴어 원어의 고유한 의미를 결코 가볍게 여기고 잊어버릴 수 있는 것이 아니라는 것입니다. 그래서 정부 당국이나 결혼한 사람들에게 항상 이 의미를 일깨우려고 애쓴 것인지도 모릅니다. 그는 교회 안에서의 봉사의 관점에서 유럽 장관들의 검정 리무진에 결코 뒤지지 않을 이미지를 떠올리게 했습니다. 그는 시대의 파도 위를 항해하는 배라고 하는 옛 교회의 상징에 의지했습니다. 그렇게 함으로써 불링거는 봉사자의 품위가 노잡이로 일하는 것에 있다는 사실을 일깨워 줍니다. 이것이 별로 영예롭지 않다고 생각하는 사람은 자성해야 합니다. 배가 잘 항해할 수 있도록 바람부는 것을 살피는 책임을 맡고자 하는 사람은 기꺼이 이 일을 맡을 수 있다는 사실을 생각해 보아야 합니다.

12. 알고 계셨나요?
취리히 츠빙글리 기념동상이 사실 전혀 츠빙글리를 기념하고 있지 않다는 사실?

매일매일 헤아릴 수 없는 수많은 관광객들이 취리히 리마트 강가 물의 교회(Wasserkirche) 뒷편에 서 있는 츠빙글리 동상을 사진에 담아 가곤 합니다. 한 손에는 성서를, 다른 손에는 검을 쥔 종교개혁자는 위엄 가득한 표정으로 가톨릭이 우세한 중부 스위스를 바라보고 있습니다. 이 동상은 1882년 오스트리아의 조각가 하인리히 나터(Heinrich Natter)가 츠빙글리 동상 공모전에 출품하여 당선된 것입니다. 동상의 심사평은 이렇게 기록하고 있습니다. "종교개혁자의 전신에 드러나는 영감 어린 확신은 검을 움켜 쥔 손길에서도 마찬가지로 강렬한 인상을 풍긴다." 나터의 디자인은 마흔 개 이상의 경쟁작을 물리쳤습니다. 검을 들고 군기를 쥔 무릎 꿇은 사나이들을 묘사한 나머지 작품들은 "하나님과 조국", "자유와 빛", "고결함과 대담함", "그는 헛되이 검을 들지 않았다"등의 제목이 붙어 있었습니다.

이러한 제목은 하나의 시대정신을 반영하고 있습니다. 19세기는 기념비의 시대였습니다. 1800년경 독일에서는 18개의 공공 동상들이 있었는데, 츠빙글리 동상의 제막식이 있었던 1885년에는 적어도 800개의 작품이 있었습니다.

모든 동상에서 중요했던 것은 동상의 "받침대"였습니다. 동상의 주인공이 일반인의 시각에서 뚜렷이 잘 보일 수 있도록 충분한 높이로 설계되었습니다. 주인공의 형상에는 고대의 반신반인의 요소가 당대 권력자의 통치적 상징의 모티브와 함께 결합되어 있었습니다. 아름다움과 젊음, 힘, 용기, 결단력이 동상에 조화롭게 스며들었습니다. 이는 공공 광장에 설치된 프리드리히 대왕이나 마리아 테레지아와 같은 유명한 통치자의 동상 뿐 아니라 하이든, 괴테, 실러와 같은 문화적 천재들의 동상에서 모두 표현하고 있는 특징입니다. 당연히 동상의 주인공 모두는 19세기 말기의 정치적 격변과 사회적 위기의 시기에 결연한 자신감과 지도자의 자질로 그 광채를 드러내야 했습니다.

독일-오스트리아의 시대정신이 스위스에 영향을 미친 것은 이것이 처음이자 마지막이 아니었습니다. 1865년 이미 가톨릭 지역의 도시 슈탄스에 전사로 묘사된 빙켈리트의 동상이 세워졌고, 1881년 바젤에는 성 야고보의 동상이 세워집니다. 자부심 넘치던 취리히의 개신교인들은 이에 뒤쳐질 수 없었습니다. 비록 그들에게는 제후들의 집들도 역사적 전쟁터도 없었으나, 위대한 종교개혁자가 있었습니다. 그나마 츠빙글리의 겸손을 의식한 사람들은 차마 그를 말 위에 태우지는 못했습니다. 성서도 빼 놓을 수 없었죠. 그 결과 츠빙글리의 손에 들린 성서는 그에 대한 유일한 기억으로 미미하게나마 남아 있게 되었습니다. 어쩌면 스위스 종교개혁의 해 2019년에 누군가가 "무엇인가 용기 있는 일"을 하며 이렇게 말해야 하지 않을까요? 134년이 흐른 것으로 충분하다고요.

13. 알고 계셨나요?
선물을 받는 것이 종교개혁 시대에는 사형에 해당하는 죄였다는 사실?

1553년의 일입니다. 독일 보름스 제국의회의 재판관 중 한 사람인 볼프강 바이드너(Wolfgang Waidner)는 취리히 종교개혁자 하인리히 불링거에게 은잔 하나와 50탈러의 돈을 보냈습니다. 불링거가 보낸 글과 조언에 대하여 감사의 표현을 한 것이었습니다. 그러나 불링거는 이를 고사했습니다. 가족이 여럿이었던 불링거에게 그런 은잔과 돈은 큰 도움이 되었을 수 있었을 텐데도 말입니다. 불링거는 한 편지에서 바이드너에게 자초지종을 설명합니다. 1522년부터 취리히 시정부는 영주나 도시, 외국인이게 선물을 받는 것을 금하고 있다고 말이지요. 종교개혁 이전 시대 그런 뇌물 수수의 문화가 너무 많은 분쟁과 불화를 야기했기 때문이었다고 그는 말했습니다. 시의회는 이 사안을 엄정하게 다루었습니다. 그런 뇌물 수수는 사형에 해당했습니다.

불링거는 종종 값비싼 선물을 받곤 했습니다. 그때마다 그는 받았던 모든 것을 돌려보냈습니다. 아니면 가난한 이들을 돌보거나 교회의 일에 사용하도록 시의회에 기탁한 때도 있었습니다. 한 가지의 예외는 팔츠 선제후 프리드리히 3세가 "2차 헬베티아 신앙고백"에 대한 감사의 답례로 보낸 트로피였습니다. 불링거는 이 트로피를 그저 보관하고만 있었는데, 시의회가 명시적으로 그에게 위탁했기 때문이었습니다. (이야기가 나온 김에 말하자면, 불링거가 쓴 신앙고백은 전 세계적으로 가장 유명한 것으로, 2016년에 발행 450주년을 맞았습니다.)

종교개혁 이후 우리 스위스 인의 상식이 된 선물 거부의 문화는 무의식적으로 오늘날까지 지속적인 영향을 미치고 있습니다. 한번은 제가 이런일을 경험하게 되었습니다. 먼 외국에서 온 어느 박사과정 여학생이 제게 처음으로 면담하러 오면서 작은 선물을 들고 왔었습니다. 깜짝 놀랐지요. 한편으로는 고마웠지만, 동시에 당혹스러웠습니다. 다른 목적이 없는 단순한 호의의 표시였습니다. 그러나 문화적 배경과 이해가 완전히 달랐던 것이지요. 취리히 대학에서 제 스위스 학생들은 여태껏 작은 초콜릿 하나 저에게 선물하려는 생각 자체를 하지 않았습니다. 때로 더 중대한 조언을 해 주었던 적이 있었는데도 말입니다. 갑자기 그런 관행이 통용되는 나라들도 있다는 생각이 떠올랐습니다. 의사에게 뇌물을 주지 않고는 좋은 치료를 기대할 수 없는 나라, 대학에 합격시켜 주는 대가로 지원자가 감사를 표현해야 하는 것이 필요한 나라들도 있습니다. 그런 나라는 "개혁된" 나라가 아닙니다. 물론 450년 전에 필요한 것으로 생각된 조치 모두가 오늘날에도 의미 있는 것은 아닙니다. 다행히도 종교개혁 시대의 사형 규정은 오늘날 폐지되었습니다. 츠빙글리의 취리히나 개혁 전통의 엄격한 도덕률에 대하여 비난하고 싶지는 않습니다. 저는 제 일에 대하여 정기적으로 봉급을 받습니다. 저를 담당하는 의사, 세무서의 공무원도 자신의 근로에 대하여 합당한 보수를 받습니다. 나머지는 모두 명예의 문제입니다.

14. 알고 계셨나요?
종교개혁은 또한 부정부패와 맞섰다는 사실?

종교개혁이 시작될 무렵, 스위스 신분제 의회에서 일어난 일입니다. 삼위일체 하나님에 대한 선서가 있고 나서 연방 각 지역의 대표자들은 두 번째 안건을 논의했습니다. 얼마나 많은 젊은 병사들을 유럽의 전쟁터로 파견해야 하는가의 문제였습니다.

당연히 연방은 병사들을 가장 많은 보수를 지불하는 장군들에게 보냈습니다. 그들 가운데는 교황도 있었습니다. 교황은 휘하의 스위스 용병들에게 전장에서의 복무를 요구했습니다. 이른바 연금이라고 부르는, 파병에 대한 대가는 다시금 구 스위스 연방 정치인들의 손에 들어갔습니다

공공연히 인신매매가 이루어지고, 유럽 한가운데 위치해 있으면서 부패가 일상이 되어버린 나라. 약 500년 전 그리스도교 국가 스위스의 모습이었습니다. 이를 비판하는 사람에게 돌아오는 답변은, 이 모든 것이 스위스의 경제와 안녕을 위한 것이며, 다시금 그것이 모든 사람에게 이득이 된다는 논리였습니다. 게다가, 우리가 이 일을 하지 않는다면 다른 사람이 할 것이라고 정당화하는 것이었습니다.

종교개혁자 울리히 츠빙글리는 이러한 히드라의 이빨로부터 가장 먼저 자기 자신을 건져내야 했습니다. 그는 이 부패의 문제를 분명하게 지적함

으로써 겪어야 할 불편을 피하려고 하지 않았습니다. 그때부터 츠빙글리는 스위스 인들을 이 파괴적인 오류의 길에서 돌이키기 위해 애썼습니다. 츠빙글리는 이렇게 말했습니다. "나는 부패한 연금수령자들 뿐 아니라 전쟁 노예들 자신이, 아무 해도 끼치지 않았던 정직한 사람을 아내와 아이들이 보는 앞에서 살해하고 그 집을 불태우는 일이 얼마나 끔찍한 것인지 알기를 바란다." 또한 교회에도 부정부패가 있었습니다. 당시에 사람들은 교회의 각 직책을 돈을 주고 살 수 있었습니다. 자녀가 딸린 사제는 헤아릴 수 없이 많았습니다. 그들은 자녀를 위해 정기적으로 돈을 낸다면 면책될 수 있었습니다. 그런데 그 아이들의 어머니에게 돈을 내는 것이 아니라, 주교에게 돈을 내면 면책되는 것이었습니다. 또한 기도를 드리기 위해 사용하는 양초 가격은 과도할 정도로 높게 책정되어 있었습니다. 모든 신자들이 기도하기 위해 양초를 구입해야 했기 때문에, 그것을 판매하는 것은 꽤 돈벌이가 되는 사업이었습니다. 츠빙글리는 연방에 호소했습니다. "뇌물은 현명한 사람조차 눈멀게 하고, 정의로운 사람들의 말조차 왜곡합니다."

부정 부패에 대한 오늘날의 학문적 정의는 "어떤 특정한 사람의 이익을 위해 공동의 이익을 해치는 행위"입니다. 츠빙글리는 500년 전 이러한 악에 대하여 분명하고 간결하게 설명하였습니다. "공익에 앞서서 사익"을 추구하는 것이라고 말입니다. 부패란 권력자의 특권이 아닙니다. 오히려 부패는 전염되고, 사람들의 일상 가운데 침투하는 것입니다. 여기서 부정부패란 모든 인간적 관계와 공동체를 움직이는 기초인 신뢰를 파괴합니다. 최초의 "개혁교회 신자" 츠빙글리가 생각한 죄가 무엇인가를 이해하려고 하는 사람은 성 관계의 문제나 소시지 금지규정을 생각해서는 안 됩니다. 츠빙글리가 문제시한 죄란 먼저 모든 형태로 나타나는 부정부패였다는 사실, 이 점을 기억해야 합니다.

15. 알고 계셨나요?
칼뱅의 친구들 없이는 칼뱅주의도 없었을 것이라는 사실?

제네바의 종교개혁자 기념비가 묘사하는 장 칼뱅(Jean Calvin 1509-1564)의 모습은 엄격하고 결연한 의지를 담고 있는 듯이 보이기도 합니다. 하나님의 의와 영광을 위해 쉼 없이 싸운 타협을 모르는 전사, 탁월한 지도자의 모습이 그의 이미지입니다. 그런데 칼뱅은 왼편에 나란히 선 종교개혁자 빌헬름 파렐(Wilhelm Farel 1489-1565)에게 미소 지으며 곁눈질하고 있습니다. 칼뱅의 이미지를 고려하면 조금 부적절해 보입니다.

우리가 교과서에서 읽었던, 그리고 우리 머릿속을 지배하는 칼뱅의 모습은 본래 옛 가톨릭의 적대적 시각에서 만들어진 것입니다. 칼뱅 자신은 그 스스로를 좀 다르게 보았습니다. 언젠가 그가 남긴 글에 따르면, 그는 본성상 결코 용감한 사람이 못 되며, 오히려 수줍어하고 소심한 사람이었습니다. 게다가 그는 인생의 모든 결정적 단계에서 그 자신에 의해서라기보다는 친구들의 압력에 밀려 행동하게 된 경우가 많았습니다.

실제로 칼뱅에게 제네바로 오도록 강력하게 설득한 사람은 츠빙글리의 사역에 동역자였던 프랑스인 종교개혁자 빌헬름 파렐이었습니다. 그리고 제네바 시의회가 칼뱅을 제네바 시에서 추방하고는 다시 3년 만에 다시 돌아오라며 호소하자 결국 이에 응하게 된 것도 다시금 칼뱅의 친구들과 취리히 사람 하인리히 불링거가 그를 오랫동안 설득하였기 때문이었습니다. 이 사실은 중요합니다. 칼뱅 자신은 제네바로 돌아가느니 차라리 십자가에 매달리기를 더 바랐던 것입니다. 제네바로 돌아온 뒤 직면했던 여러 갈등에서도 친구들의 도움은 절대적이었습니다.

상황이 어려워질 때마다 로잔의 피에르 비레(Pierre Viret)와 노이샤텔의 파렐은 문자 그대로 칼뱅의 편에 섰습니다. 칼뱅이 스스로를 변호하기 위해 제네바 시의회 앞에 서야 했던 상황에서 말이지요. 파렐은 이 기회를 활용해 제네바 시민들의 양심에 호소했습니다. 가엾은 칼뱅 선생을 친절하게, 좀 우호적으로 대해 달라고 말입니다. 칼뱅은 그저 하나님을 두려워하며 고군분투하는 사람이라고 변호했습니다. 칼뱅의 친구들은 모든 중요한 국면과 결정적인 순간에 칼뱅의 편에 섰습니다. 가장 친한 친구 파렐은 일흔 다섯의 나이에 칼뱅의 임종을 지켰습니다.

칼뱅을 비롯한 스위스 종교개혁자들은 모두 결코 도시를 혼자서 "개혁하고" 마음에 들지 않는 반대자를 축출할 수 있었던 종교적 독재자가 아니었습니다. 그들 모두는 도시에 고용된 사람이었고, 시 정부는 그들을 3일 전에만 통보하면 언제든지 해임할 수 있었습니다. 그들은 당대의 정치적 분위기에 철저히 종속되어 있었습니다. 다행히 그들은 우리가 종종 생각하듯 외로운 사람들이 아니었습니다. 칼뱅의 친구들 없이, 전 세계적으로 널리 퍼진 칼뱅주의도 없었을 것입니다.

16. 알고 계셨나요?
개혁교회 신자들 또한 '개신교적'이라는 사실?

개혁교회. 스위스 종교개혁으로 인해서 생겨난 이 교회는 점차 특징있는 이러한 이름으로 불리우게 되었습니다. 하지만 대체 '개혁'이라는 말이 진정으로 의미하는 것은 무엇일까요? 개신교도들은 개혁교인들인가요? 루터교인들은 개혁교인이 아닌가요? 그렇습니까?

이 모든 표현은 본래 외부에서 붙여진 이름입니다. 처음에 "루터파"라는 이름은 새로운 분파를 지칭하기 위해 가톨릭 교인들이 붙인 모욕적 표현이었습니다. 루터 자신이 가장 먼저 이 "중상 모략하는 사람들"에 맞서 스스로를 변호했습니다. 시간이 지나면서 그와 그를 따르던 많은 사람들은 이 이름을 받아들였고, 그들의 자세를 바꾸어 일종의 반감에서 스스로를 일컫게 됩니다. "우리는 루터교인이다!" 라고 말이지요.

"프로테스탄트적"이라는 표현도 본래는 욕설이었습니다. 이는 1526년 슈파이어 제국의회로 거슬러 올라갑니다. 거기서 몇몇 영주들은 차별적인 종교적 결의에 "저항했습니다." 이 명칭은 곧 차용되어 특히 프랑스에서 흔하게 사용되었습니다. 잘 알려져 있듯 프랑스에서는 위그노라는 또 다른 별명이 등장합니다. 종교개혁자 베자(Theodore Beza)에 따르면 투르에서 처음 "프로테스탄트"라는 말이 사용 되었습니다. 그곳에서는 개신교 신앙이 금지되었기 때문에 사람들은 밤마다 비밀스럽게 회동하며 도시의 거리를 잠행하곤 했는데, 이 모습이 마치 수백 년 전에 죽은 위그 왕의 유령에 대한 전설을 떠올리게 했습니다. 곧 '위그노'라는 이름은 그들 스스로를 자부심을 갖고서 지칭하는 용어로 자리 잡았습니다.

"개혁파"라는 단어의 기원은 보다 추론하기 쉽습니다. 이 용어는 교회를 근본적으로 개혁하고자 했던 사람들에게서 유래합니다. 그들은 타락하지 않은, 본래적 형태의 그리스도교적인 하나님 예배의 형태를 다시 회복하고 싶어 했습니다. 루터를 따르던 사람들도 처음에는 "개혁파"라고 불렸습니다. 마침내 루터교는 다른 모든 교파와 구분되는 하나의 교파로 스스로를 규정했고, "개혁교인"들을 또한 별도의 교파로 규정했습니다. 그렇다면 오늘날 누가 "개신교적(evangelisch)" 일까요? 이에 해당하는 어떤 단어가 있다면 이는 모두 처음에 그들이 주장하는 바를 표현하기 위해서 사용한 것입니다. (심지어 가톨릭이란 표현도 마찬가지입니다). "개신교적"이라는 말도 그렇습니다. 서로를 향하여 경멸하는 표현도 있었고 분파적 싸움도 많이 있었습니다. 그러나 이는 종교개혁이 과연 "복음", 즉 모든 사람을 향한 하나님의 조건 없는 사랑이라는 "기쁜 소식", 그리스도교의 핵심이자 기원인 이 복음을 기억하고자 했다는 사실을 완전히 잊을 수 없습니다. 다른 부수적인 "종파적 명칭"은 이를 흐릴 뿐입니다. 여러 스위스 "개혁"교회들이 하필이면 그 이름에서 "개신교적"이라는 말을 지워버렸다는 사실은 안타까울 뿐입니다.

17. 알고 계셨나요?
스위스 종교개혁이 전 유럽적 문제였다는 사실?

물론 스위스 종교개혁자 모두가 외국 사람들이었던 것은 아닙니다. 상갈렌(St.Gallen)의 요아킴 바디안(Joachim Vadian 1484-1551)은 그 지역의 토박이였습니다. 그는 오스트리아 빈 대학의 총장을 지내기도 했습니다. 그라우뷘덴(Graubünden)의 종교개혁자 요한네스 코만더 (Johannes Comander 1484-1557) 또한 그의 고향에서 활동했습니다. 하지만 보통의 경우에는 그렇지 않았습니다. 취리히의 종교개혁자는 취리히 사람이 아니었습니다. 베른의 종교개혁자도 베른 사람이 아니었습니다. 바젤과 제네바, 노이샤텔과 로잔의 종교개혁자들도 마찬가지였습니다. 하지만 이 모든 사람들이 스위스 종교개혁을 이끈 인물들입니다. 그 시기조차 이러한 것이 전형적인 스위스의 모습이었습니다.

토겐부르크 (Toggenburg) 출신이었던 울리히 츠빙글리는 완전한 의미에서 "연방" 사람이 아니었고, 그 때문에 그만큼 더 연방에 애착을 가졌습니다. 츠빙글리에게 취리히는 연방 전체에 대한 선교 활동을 이끌어 나가기 위한 작전 기지였습니다. 취리히의 동료 목사였던 레오 유드(Leo Jud 1482-1542)는 앨사스 출신이었습니다. 여기에는 1532년 칸톤 단위에서의 첫번째 교회규율인 베른 교회규정(Berner Synodus)을 작성한 볼프강 카피토(Wolfgang

Capito 1478-1541)도 이에 해당됩니다. 1528년 베른 종교개혁을 위한 논제는 뷔르템베르크 출신의 베르흐톨드 할러(Berchtold Haller 1492-1536)와 바덴 출신의 프란츠 콜브(Franz Kolb ?-1535)가 작성했습니다.

유명한 베른 종교개혁자 볼프강 무스쿨루스(Wolfgang Musculus 1497-1563)는 로트링엔(Lothringen) 출신입니다. 바젤의 종교개혁은 츠빙글리의 학식 있는 친구였던 뷔르템베르크 출신의 요한네스 외콜람파드(Johannes Oekolampad 1482-1531)가 이끌었습니다. 불어권 스위스에서는 프랑스 도핀(Dauphiné) 출신의 빌헬름 파렐이 활동하였습니다. 그는 츠빙글리의 선교사로서 스위스 서부 제네바와 노이샤텔에서 종교개혁을 이끌었습니다.

로잔에서 파렐을 도운 사람은 보 지역 출신의 피에르 비레(Pierre Viret 1511-1571)였습니다. 그때 보 지역은 베른과 프리부르가 공동으로 관리했었습니다. 잘 알려져 있듯 제네바 종교개혁자 장 칼뱅은 프랑스 북부의 피카르디(Picardie) 출신입니다. 로잔에서 활동하던 목사 앙드레 세베데 (André Zébédée 1545-1570)와 대립하던 칼뱅은 세베대가 과도한 츠빙글리 숭배자라고 비난했습니다. 칼뱅과 달리 세베데는 베른 사람들에게 복종하고자 했었던 것입니다. 마지막으로 1532년 오늘날 취리히 대학의 전신으로 설립된 취리히 "상급 학교(Hohe Schule)"는 오늘날의 취리히 대학만큼이나 국제적이었습니다.

전 유럽적으로 유명했던 인물로서 앨사스 출신의 콘라트 펠리칸(Konrad Pellikan 1478-1556)과 투르가우 출신 테오도르 비블리안더(Theodor Bibliander 1506-1564)와 함께 활동한 사람으로는 피렌체 출신의 이탈리아사람 피에트로 마르티레 베르밀리(Peter Martyr Vermigli 1499-1562)가 있습니다. 다행히 그때 이들 모두가 라틴어를 유창하게 구사했습니다. 그렇지 않았다면 서로간의 소통과 논쟁은 보다 어려웠을 것입니다.

18. 알고 계셨나요? 프로샤우어가 출판한 성서는 그림으로 가득하다는 사실?

1523년 9월 1일, 츠빙글리의 동료이자 취리히 성 베드로교회 목사였던 레오 유드(Leo Jud 1482-1542)는 교회 안의 "우상을 없애버려야" 한다고 설교했습니다. 여기에는 성유물과 조각상, 성배, 십자가 상 및 하나님의 권능이 부여되어 있다는 이유로 경배의 대상이 된 성체 현시대는 물론 여러 성상이 포함되어 있었습니다. 당시 교회에서 사람들은 성상에서 묘사된 성인에게 기도하고 양초를 봉헌하며 무릎을 꿇곤 했습니다.

얼마 지나지 않아 수공업자들이 성 베드로교회와 프라우뮌스터로 난입하여 제단화와 성물들을 파괴하고 성수를 조롱했습니다.

시골에서 금과 은으로 만들어진 숭배물들은 종종 지역 수도원의 재산이었습니다. 그것들은 농민들이 수도원에 지불해야 했던 봉헌금으로 유지되었습니다. 그렇기 때문에 성인숭배에 대한 거부라는 신앙의 문제는 수도원에 의한 경제적 착취에 저항하는 것과 연관되어 있었습니다. 마을의 목사가 로마 교회의 "우상숭배"를 비판했을 때, 이러한 "우상을 제거하려는 움직임"이 여러 마을에서 지체없이 일어난 것은 당연합니다.

종교개혁과 혁명의 경계는 모호했습니다. 취리히 시의회는 혼란을 막기 위해 조치를 취해야 했습니다. 1524년 초에, 취리히 시는 성상 철거를 공표

합니다. 그 결과 경배의 대상이 된 모든 그림과 조각상은 장인에 의해 전문적으로 철거되어야 했습니다. 너무 높이 걸려있어 사람들이 그 앞에서 무릎을 꿇을 수 없었던 그림은 그대로 남겨두어도 되었습니다. 어쨌든 그것이 츠빙글리의 조언이었습니다. 그리고 개인이 미술품 소장을 금지하도록 했다는 이야기는 없습니다. 종교적 그림들은 기증자에게 반환되었습니다. 기증자를 찾을 수 없는 경우에는 그 그림을 판매했고, 수익금은 이후 구제를 위한 목적으로 활용되었습니다. 가난한 사람이 하나님의 참된 모습이기 때문입니다.

츠빙글리가 모든 종류의 그림에 반대한 것이 아닙니다. 그는 심지어 종교적인 그림에도 반대하지 않았습니다. 그 그림들을 세상적인 것으로써 우상으로 만들어 버리지 않는다면 말이지요. 성서의 이야기를 사람들에게 기억하기 쉽게 하려는 목적으로 그의 견해에 따라 이러한 그림들도 허용되었습니다. 그래서 1531년의 프로샤우어 성서는 다채로운 그림으로 가득합니다. 여기에는 성서의 인물들 뿐 아니라, 인간을 창조하고 낙원을 거니는 하나님의 모습도 그려져 있습니다.

19. 알고 계셨나요? 츠빙글리는 당대 음악의 애호가였다는 사실?

1518년 말 참사회원들이 츠빙글리가 취리히 그로스뮌스터 민중사제직에 적합한 인물인지 논의하고 있었을 때, 반발하는 어떤 사람의 목소리가 회의장을 울렸습니다. 그는 츠빙글리가 음악을 너무 좋아하기 때문에 진지한 신앙인이 아니라고 했습니다.

실제로 츠빙글리는 여러 종류의 악기를 연주했고, 노래를 짓고 음악극에 직접 출연해 노래하기도 했습니다. 그것은 그레고리오 성가와는 다른 당대의 세속 음악이었습니다. 나중에 가톨릭 진영의 반대자들이 츠빙글리를 비난했을 때도 그가 현악기, 바이올린, 플루트를 연주하는 등 세상적 유희로 시간을 보냈다는 것이 문제점으로 부각되었습니다. 이에 맞서 츠빙글리는 그들을 "무식한 멍청이"라고 일컬었습니다. 그는 음악이 기분을 좋게 북돋우어 주고 유쾌하게 해주기 위한 하나님의 선물이라고 생각했습니다.

그런데 츠빙글리가 예배에서 음악을 금지시켰다는 비난이 있지 않나요? 당시 로마 교회의 미사는 성가대의 합창으로 이루어져 있었습니다. 소년 성가대원들은 전례에 따라 시편을 노래했습니다. 하지만 이런 성가들은 회중이 모르는 라틴어로 되어 있었습니다. 츠빙글리는 회중들 자신이 예배하고 믿어야 하는 것이 무엇인지 이해하기를 원했습니다.

그래서 츠빙글리가 구상한 새로운 예배의 예전에 중심에는 성서 읽기가 들어 있었습니다. 또한 회중은 예배에 적극적으로 참여해야 했습니다. 이를 위해 츠빙글리가 의도한 것은 회중이 시편 본문을 민중의 언어로 교독해야 한다는 것이었습니다. 그러나 예배에서 모든 회중이 시편을 노래하도록 해서 모두가 마음을 상승시키고 좋게 하는 단계에까지 츠빙글리가 도달하지는 못했습니다.

예배에서 음악의 확산은 오히려 다른 지역에서 보다 빠른 진전을 보였습니다. 츠빙글리가 사망한 지 얼마 지나지 않아 츠빙글리의 제자였던 요한네스 츠비크(Johannes Zwick 1496-1542)는 콘스탄츠(Konstanz)에서 최초의 찬송가집을 썼고, 이것은 취리히에서 인쇄되었습니다. 곧이어 여러 종교개혁 도시들에 회중들의 찬송이 도입되었습니다. 전 세계적으로 가장 유명한 것은 제네바 시편입니다. 장 칼뱅은 프랑스어의 운율에 맞추어 가사에 곡조를 붙인 형태의 시편찬송을 권장했습니다. 그리고 칼뱅과 마찬가지로 신앙 때문에 프랑스에서 망명한 아주 유명한 시인과 작곡가들이 이 과업에 동참했습니다. 본래 단성부 노래였던 것은 곧 4성부 노래들로 발전했습니다. 이어서 가사는 다른 여러 언어로 번역되었습니다. 네덜란드에서 캐나다를 거쳐 그리고 남아프리카와 일본에 이르기까지 오늘날 전 세계의 회중이 매주일마다 제네바 시편 찬양가에서 뽑은 노래들을 부릅니다. 칼뱅은 음악과 회중 가창이 언제나 하나님을 향한 인간의 마음을 고양한다고 했습니다. 츠빙글리도 이런 일 하는 것을 분명히 기뻐했을 것입니다.

20. 알고 계셨나요? 유대인 의사가 츠빙글리에게 히브리어를 가르쳤다는 사실?

유대인에 대하여 마틴 루터가 비방한 것은 잘 알려져 있습니다. 유대인을 추방해야 하며, 그들의 집과 회당을 불태워 폐허로 만들어야 한다고 그는 말한 바 있습니다. 모든 인류를 향한 하나님의 무조건적 사랑과 이웃 사랑을 말하는 루터의 글 뒤에 숨겨진 추악한 일면입니다.

유대인을 향한 루터의 모욕은 중세로 거슬러 올라가는 전통 가운데 있습니다. 다른 종교개혁자들도 이러한 내용을 활발히 이용하였습니다. 종교개혁자 하인리히 불링거는 유대인을 향한 루터의 비방에는 반대했지만, 그러한 전형적 입장을 그대로 답습합니다. 그래서 유대인은 그리스도교 도시에서 살 수 없다고 생각했지요. 너무나 비기독교적인 것이 공공연하게 도시 한복판에 있으면 다른 사람도 전염될 수 있다는 생각이었습니다. 그래서 불링거는 정치당국이 공적 신앙에 대한 책임을 지녀야하며 따라서 백성의 구원에도 책임이 있다는 지배적인 입장을 견지합니다. 이러한 관점은 그리스도교 이전 시대로까지 거슬러 올라가는 것이며, 19세기에 이르기까지 유럽에 영향을 끼쳤습니다.

한편 아래의 이야기는 돌이켜 볼 만한 여지가 있습니다. 취리히 종교개혁자 울리히 츠빙글리는 빈터투어의 유대인 의사 모쉐(Mosche)에게 연락했습니다. 히브리어 공부를 도와달라는 취지였습니다. 모쉐는 종교개혁이 일어나기 전 스위스 전역에서 일어난 유대인 박해 후에 스위스에 여전히 남아 있었던 몇 명 안 되는 유대인 가운데 한 명이었습니다. 유대인 의사의 도움을 얻어 구약성서를 원어로 읽을 수 있게 되는 것이 츠빙글리의 목표였습니다. 이미 그는 독학하여 어느 정도 히브리어 지식을 가지고 있었습니다. 모쉐는 츠빙글리에게 히브리어를 가르치며 뛰어난 지식을 입증했습니다. 나아가 츠빙글리는 1525년 문을 연 상급학교인 취리히 "호헨슐레"에서도 구약성서를 가르치기 위해 열정을 기울였고, 구약성서는 개혁신학에서 중요한 역할을 하게 됩니다. 사람들은 츠빙글리가 유대인에게서 배웠다는 사실을 비난했지만 그는 개의치 않았습니다.

오히려 츠빙글리는 그리스도 안에서 모든 인간에게 얼굴을 돌리시는 하나님이 바로 유대인을 선택하신 분이라는 사실을 확신했습니다. 훗날 제네바 종교개혁자 장 칼뱅은 구약성서와 신약성서의 관계를 이렇게 표현합니다. "붉은 아침의 여명이 낮을 알리는 듯 하지만, 그럼에도 태양은 하나이다."

츠빙글리의 옛 제자였던 스트라스부르 종교개혁자 볼프강 카피토(Wolfgang Capito 1478-1541)는 유대인에게 보다 관용적인 자세를 견지했습니다. 당시로서는 매우 예외적인 모습이었습니다.

21. 알고 계셨나요? 종교개혁자들이 오랫동안 연극에 관심을 가지며 권장했다는 사실?

1539년 성령강림절 월요일의 일이었습니다. 취리히 그로스뮌스터 앞마당이 북적이기 시작했습니다. 원래 돼지고기 파는 시장이 열리던 곳에 커다란 야외 무대가 설치된 것입니다. 취리히에 종교개혁이 도입된 지 14년째 되는 해였습니다. 도시의 인구는 5000명 가량이었는데, 그중 적어도 66명이 성령강림주간 월요일 무대에 섰습니다. 그만큼 배역이 많았던 것입니다. 상연된 작품은 "포도원 주인에 대한 연극 (Spiel von des Herrn Weinberg)"으로, 취리히 시의 의사 야콥 루프(Jakob Ruf 1505-1558)의 작품이었습니다.

연극은 종교개혁 시대에 중요한 역할을 했습니다. 베른 종교개혁자 니클라우스 마누엘(Niklaus Manuel 1484-1530)은 교황을 비판하는 사육제 연극을 통해 종교개혁을 도입했습니다. 마누엘의 아들 또한 사육제 연극을 썼는데, 격한 유머로 즐거움을 선사했습니다. 그가 1548년 종교개혁 도시 베른에서 펼친 포도원에 관한 연극에서는 우스꽝스러운 광대들도 등장했습니다.

당대의 연극에서는 점차 성서가 영감을 불러 일으켜주는 원천으로 부상했습니다. 1550년 6월 취리히에서 상연된 아담과 하와 이야기는 태초로부터 대홍수까지의 내용을 다루었습니다. 연극은 이틀에 걸쳐 상연되었고, 배역은 112개에 달했습니다. 하나님 이외에 에덴 동산의 뱀도 있었고, 죽음 옆에는 열아홉 명의 천사와 악마 등 수없이 많은 배역이 있었습니다. 제네바에서 칼뱅은 몇몇 동료 목사에 맞서 비슷한 연극 상연을 옹호했습니다. 마찬가지로 종교개혁 도시 취리히는 학교 차원의 연극을 장려했습니다. 수준도 아주 높았습니다. 1531년 1월 1일 학생들은 아리스토파네스의 희극 "부의 신(Plutos)"을 무대에 올렸습니다. 물론 대사는 희랍어로 되어 있었고, 음악은 츠빙글리가 작곡한 것이었습니다.

1545년 1월 1일에 취리히에서 초연한 야외 연극에는 수많은 사람들이 몰려들었습니다. 마찬가지로 취리히 시 의사 루프가 쓴 "빌헬름 텔(Wilhelm Tell)"이 무대에 오른 것입니다. 이 작품은 1512년 가톨릭 도시 알트도르프(Altdorf)에서 초연된 것에 바탕을 둔 것이었습니다. 이것은 교파적 분열에도 불구하고 연방의 전통을 강화하기 위한 시도였습니다.

종교개혁 이후 100년 만에 연극의 시대에는 종말이 찾아오고 말았습니다. 스위스에서 연극이 금지된 것입니다. 1616년 가톨릭 도시 루체른을 시작으로 1617년에는 칼뱅의 도시 제네바에서 연극을 금지했습니다. 나아가 7년 후에는 개신교 도시 취리히가 연극 금지를 결의했습니다. 가톨릭 지역과 개신교 지역의 시 정부 당국은 모두, 그 당시 점차 인기를 끌던 바로크 연극에 등장하던 품행이 바르지 못한 등장인물들이 사람들에게 전염되지 않을까 두려워했습니다. 그러나 이 시점에 종교개혁자들은 이미 오래 전에 세상을 떠났습니다.

II

연세대학교 연합신학대학원 교수 정 미 현

용병제도를 통해 본 츠빙글리 종교개혁의 사회경제적 배경[1]

그림출처 : 한스 아스퍼(Hans Asper)의 작품을 기초로 루돌프 뷔젠바흐(Rudolf Wyssenbach)가 완성한 츠빙글리 초상화(취리히 중앙도서관소장)

1. 들어가는 말

우리나라 사람들이 스위스를 여행할 때 가장 즐겨 방문하는 관광명소 중에 한 곳은 루체른이라는 도시이다. 그곳에는 오늘날 세계적으로 스위스를 대표하는 한 상징적 요소인 스위스 용병전통과 연관된 기념비가 있다. 루체른은 스위스 중부지방(Inner Schweiz)에 자리 잡고 있는 칸톤 루체른의 중심 도시로써 전통적으로 용병을 많이 배출했고 이에 대한 자부심이 강한 곳이다. 루체른 기차역 가까이에 위치한 호수 옆에 "빈사의 사자상(Löwendenkmal)"[2]이 있다. 예술적 감각이 돋보이는 이 기념비는 1792년 프랑스 혁명당시 루이 16세 왕가를 수호하다가 전멸한 760여명의 스위스 용병들의 죽음을 기리는 의미로 세워졌다. 프랑스의 왕정 수비대는 오히려 그들의 왕을 지키지 않고 도망갔던 반면에, 스위스 용병들은 루이 16세 왕가의 가족들을 지키고자 장렬히 전사했고, 살아남았던 이들은 의회 광장으로 끌려가는 왕을 호위하고 나서 모두 처형되었다. 이러한 역사적 사실을 바탕으로 슬픈 표정과 모양을 한 사자의 조각상이 죽은 이들의 넋을 위로하는 듯하다. 조각상 위에 새겨진 라틴어 문장 "스위스 사람들의 신의와 용기(Helvetiorum fidei ac virtuti)"라는 표현은 이들의 국민성을 잘

---

1 츠빙글리의 종교개혁이 일어나게 된 사회경제적 배경을 조금 더 이해할 수 있도록 기존에 발표된 논문을 약간 수정하여 여기에 다시 게재하게 된 것임을 밝혀둔다. 정미현, "용병제도를 통해 본 츠빙글리 종교개혁의 사회 경제적 배경," "유럽사회문화", 15(2015), 241-270.

2 이 작품은 1821년 덴마크의 조각가 베르텔 토르발드센(Bertel Thorvaldsen)이 설계하고 스위스의 조각가 우어스 판크라츠 에겐슈빌러(Urs Pankraz Eggenschwiler)와 루카스 아호른(Lukas Ahorn)에 의하여 만들어졌다. https://www.luzern.com/de/highlights/sehenswuerdigkeiten/das-loewendenkmal/ (2019년 8월 5일 방문).

드러내 주고 있다. 오늘날에도 스위스 용병의 역사적 전통을 고스란히 느껴볼 수 있는 곳은 로마 바티칸의 교황수비대이다.[3] 이탈리아 로마의 바티칸 교황청을 찾은 관광객들의 눈길을 사로잡는 이러한 스위스 용병제도의 흔적들은 단순히 볼거리의 가치만 있는 것이 아니다. 이 교황수비대는 스위스인들이 오랫동안 간직한 "신의와 용기"를 오늘날에도 이어가며 연속성을 유지하고 있다.

이 스위스의 용병제도는 스위스의 종교개혁과 밀접하게 연관되어 있는데, 이 점에 착안하여 그 사회경제적 배경과 그 이면에 놓인 사상을 고찰하고자 하는 것이 본 논문의 목적이다. 개신교 종교개혁가로서 우리나라에 널리 알려진 인물은 독일의 마르틴 루터이다. 그러나 한국 개신교의 약 70%를 차지하는 장로교는 마르틴 루터와 관련 있는 것이 아니라, 신학적, 역사적으로 스위스의 종교개혁에 그 연원을 두고 있다. 좀 더 구체적으로 말해서 마르틴 루터와 동시대 인물이었던 훌드리히 츠빙글리(Huldrich Zwingli 1484-1531)는 장 칼뱅(Jean Calvin 1509-1564) 이전에 이미 장로교의 토대를 마련하여 주었다. 그럼에도 불구하고 독일이라는 국가적 배경 때문에 마르틴 루터가 보편적으로 우리에게 알려져 있고, 츠빙글리에 대한 연구는 아직까지 다양하게 활성화되지 못한 한계가 있다.[4] 본 논문에서는 이러한 맥락에서 용병제도를 둘러싼 시대상황과 주요 쟁점들을 중심으로 스위스 종교개혁자 츠빙글리의 사상을 살펴보면서 그 의미를 조명하여 보고자 한다.

---

3 오늘날에도 스위스의 많은 젊은이들이 이 교황 수비대를 맡는 것을 영예롭게 생각하며 도전하고 싶어한다. 따라서 지원 경쟁률이 높고 선발과정도 꽤 까다롭다. 지원할 수 있는 자격은 먼저 신실한 가톨릭 신앙인이어야 하며, 스위스 군인으로서의 정규 과정을 마쳐야 할 뿐 아니라, 일정한 신체 조건을 지닌 건장한 체격과 품행이 단정한 남자들이어야 한다. http://www.guardiasvizzera.va/content/guardiasvizzera/de.html (2019년 7월 10일 방문).

4 츠빙글리의 종교개혁을 기본적으로 이해하기 위해서는 다음의 책을 참조: 페터 오피츠/정미현 역, 『울리히 츠빙글리: 개혁교회의 예언자, 이단자, 선구자』(서울: 연세대학교 대학출판문화원, 2017); 츠빙글리의 1차 자료를 보기 위해서는 다음의 츠빙글리 전집을 참조: 훌트라이히 츠빙글리/임걸외 역, 『츠빙글리 저작 선집 1-4』(서울: 연세대학교 대학출판문화원, 2014-2018).

2. 스위스의 상황과 용병제도

중세기에 유럽의 국왕과 교황사이의 권력 투쟁 욕구는 다양하게 드러났다. 교황이 서임권을 갖고서 태양과 같이 군림하던 중세기에도 차츰 변화가 일어났다. 교황의 권력에 맞서는 세속적 국왕의 권력이 점차 강화되어졌기 때문이다. 그래서 여러 형태의 전쟁들이 끊이지 않았다. 이러한 맥락에서 교황과 프랑스왕의 영토와 권력 확장을 위한 전쟁이 이어졌다.

16세기 초기 스위스는 교황으로부터 용병 파병 요청을 받게 되었다.[5] 다른 한편 비슷한 시기에 스위스 연방은 오랜 내분과 투쟁 끝에 프랑스와 동맹관계를 맺게 되었다. 그리고 마침내 1521년 5월 스위스 사람들은 프랑스왕과 교황과의 전쟁에 투입되는 용병제에 본격적으로 가담하기 시작하였다. 이미 이전에도 용병에 참여하였던 경험이 있고 역사적으로 좋은 평판을 받았던 스위스 사람들은[6] 농지가 부족한 지형적 이유로 그 당시에 경제적으로 굉장히 어려웠기 때문에 이러한 유혹을 뿌리칠 수 없었고 결국 용병의 길을 선택하였다. 그리고 정부가 이러한 사람들의 결정을 용병금지법으로 막아낼 수는 없었다. 당시 취리히는 다른 12개의 주요 도시들과는 달리 반 프랑스 정책으로 일관하고 있었다.

---

5 마르틴 하아스/정미현 역,『훌드리히 츠빙글리』(서울: 한국 기독교 장로회 신학연구소, 1999), 109.

6 스위스 연방인들은 사보이 왕국이 위치했던 프랑스와 이탈리아 이외에 스페인과 오스트리아등지에도 용병으로 진출하였다.

취리히가 프랑스와의 연합을 거부하게 된 것은 츠빙글리의 공헌 때문이며, 이 사건은 그를 교황 정책에 우호적인 사람으로 보이게 했다. 그러나 그는 가톨릭교회의 문제성을 날카롭게 인식했고 점차 종교개혁가로 부상하면서, 교황과 절연하게 되었으며 무엇보다도 교황에게서 받은 돈을 돌려주면서 교황에 대한 공개적 비판을 서슴지 않았다. 하지만 취리히의 대평의회와 소평의회는 교황을 위해 수비군을 보내주기로 결의하였다. 그러나 교황이 수비군으로만 스위스 용병들을 쓰겠다는 약속을 어기고 교회의 영토 확장을 위하여 이들 병력을 공격용으로 투입하게 되자, 프랑스 왕 편에서 싸우는 연방의 동포들과의 살육이 불가피하게 되었다. 이후 취리히 평의회는 교황 사망을 계기로 용병을 철회하고 군사들을 귀환시켰다. 마침내 동족상잔의 비극을 경험한 후에 취리히 평의회는 츠빙글리의 지도력 아래에서 1522년 1월 11일 엄격한 용병금지령을 발족시켰고, 그해 11월 15일 이것은 금지법으로 바뀌어 외세로부터 돈을 받는 것을 철저히 막아내도록 하는 법이 더욱 강화되었다.[7]

경제적 측면에서 볼 때 스위스 중부 5개 지역은 용병을 통한 수입 의존도가 높았던 반면에 취리히나 도시인들은 다른 수입원이 있었으므로 용병제와 연금제도로부터 비교적 자유로웠고 종속되지 않아도 되었다. 지형적 특성상 스위스 중부지역 주민들은 충분한 식량을 얻을 수 없었기 때문이었다. 그래서 츠빙글리의 종교개혁적 시도는 중부 스위스 사람들에게는 경제적 대란을 의미할 수 있었다. 츠빙글리는 용병지지자와 연금 수령자와 종교개혁을 반대하는 사람들을 모두 동일시하였고 이러한 그의 신념은 초지일관 변함이 없었다.[8]

1400년에서 1800년 사이에 스위스 연방의 백삼십만에서 백오십만 정도

---

7 마르틴 하아스/정미현 역, 앞의 책, 110-112.
8 마르틴 하아스/정미현 역, 위의 책, 276.

의 남자들이 용병에 참여했던 것으로 추정된다. 그 가운데 귀향한 생존자는 약 30%에 이르렀다. 용병제가 절정에 이르렀던 1500년 무렵에는 전체 인구 가운데 10-12퍼센트가 용병에 참가한 것으로 알려져 있고 그 이외의 시기에는 평균 3-4퍼센트 정도가 참여한 것으로 전해진다. 용병제를 극렬히 반대하고 문제시했던 츠빙글리의 종교개혁을 통하여 이러한 상황은 차츰 변하기 시작했다. 그래서 용병 참여율은 종교개혁 이후 차츰 감소해 갔고, 18세기 이후에는 스위스 중부 칸톤에서도 그 참가율이 2퍼센트 이하로 줄어들었다.[9]

요한 하인리히 바저(Johann Heinrich Waser)의 연구에 따르면 15세기와 18세기 사이에 프랑스 왕을 위하여 싸웠던 스위스 젊은이들은 매해 약 22,000명에 이르렀고, 이들의 평균 복무 연한은 6년 정도 되었는데, 용병에 참가했던 젊은이들 가운데 약 44%만 귀향했고, 15%는 부상당한 상태로 돌아왔으며 29% 정도만 실제로 다시 정상적으로 일상적 삶에 복귀할 수 있었다는 것이다.[10] 그래서 이들이 용병으로 벌어들인 수입을 신체 상해, 사망 등으로 빚어진 경제적 손익으로 계산하면 오히려 손실이 훨씬 컸다는 것이다.[11] 이것은 젊은이들이 용병에 투입되는 것보다 농업과 수공업, 스위스 국경 수비 등의 영역에서 일할 수 있는 형태의 노동체계로 전환을 주장했던 츠빙글리와 종교개혁주의자들과 인문주의자들의 견해가 옳았다는 것을 숫자적으로 뒷받침해 주는 내용들이다.

---

9 Hans Conrad Peyer, "Die wirtschaftliche Bedeutung der fremden Dienste für die Schweiz vom 15. bis zum 18. Jahrhundert," *Könige, Stadt und Kapital. Aufsätze zur Wirtschafts- und Sozialgeschichte des Mittelalters* (Zürich: Neue Zürcher Zeitung, 1982), 219-231; *Herren und Bauern 1550-1712. Geschichte des Kantons Schwyz,* Band 3, (Zürich: Chronos, 2012), 71; Hans Rudolf Fuhrer, Robert-Peter Eyer, *Schweizer in Fremden Diensten,* (Zürich: Neue Zürcher Zeitung, 2006), 9.

10 Hans Conrad Peyer, ibid., 219.

11 Hans Conrad Peyer, op.cit., 220.

3. 취리히의 종교개혁과 츠빙글리

마르틴 루터는 어떻게 하면 하나님 앞에서 의로운 존재로 설 수 있는가 하는 개인적 신앙의 문제로 고민하면서 가톨릭 사상과 대립하고 종교개혁으로 나아갈 수 있었던 반면에, 스위스의 종교개혁가 츠빙글리는 그의 조국의 젊은이들이 용병으로 전투에 참가하는 곳에 오늘날의 직제와 용어로 표현하면 군종사제로 동참하여 민족과 사회 공동체의 문제로 씨름하면서 종교개혁을 준비하였다. 그는 전장에서 느꼈던 비애와 교회의 위선과 모순을 바탕으로 종교개혁을 본격화하였다. 그렇기 때문에 루터의 종교개혁이 사회개혁보다는 개인적 차원을 더 중시하고 시작되었던 것에 비해서 츠빙글리의 종교개혁은 그 시작부터 취리히를 중심으로 한 사회개혁과 맞물려 있었다. 이처럼 용병제도는 츠빙글리로 하여금 종교개혁을 시도하는 결정적 계기를 마련해 준 사회문제이자 상황이었기 때문에 츠빙글리의 종교개혁을 파악하고자 하면 무엇보다도 주목되어야 할 중요한 요소이다.

츠빙글리는 근본적으로 사람들이 재정적, 도덕적으로 종속되어 있기 때문에 용병에 참가하고 연금을 받기 위하여 지배층 사람들로부터 자유롭지 못한 상황의 문제성을 인식하고 구조적으로 이를 고쳐나가도록 노력하였다. 용병제도와 관련해서 츠빙글리가 언급한 내용을 그의 후계자 하인리히 불링거(Heinrich Bullinger 1504-1575)는 이렇게 전하여 주고 있다.

"가축을 잡아먹는 늑대가 있다면 사람들은 그 늑대를 잡으러 몰려 갈 것입니다. 그러나 사람들을 타락시키는 늑대들에 대해서 사람들은 저항도 하려 들지 않습니다. 그 늑대들이 빨간 모자와 외투를 걸치는 것은 당연한 이치입니다...이들을 잡아 흔들면 금화와 은화가 쏟아집니다. 그리고 이들을 비틀어 짜면 당신의 아들과 형제 그리고 아버지와 좋은 친구들의 피가 새나올 것입니다."[12]

츠빙글리는 용병제에 대하여 비판하면서 구조적 부정의의 문제를 예리하게 꿰뚫었고, 사회적으로 공동의 선을 위한 공유된 책임성을 중요시하였다. 구조적 부정의의 발생을 막으려면 집단적 책임의식이 필요하다는 뜻이다. 용병제도 자체를 거부하지 못하고 받아들였던 다수의 책임의식과 아울러 이 과정에서 생겨진 신흥귀족과 교회 지도부의 소수 이익집단이 축적되어지는 부에 대한 미련을 포기하지 못하고 이러한 체제를 용인하고, 지속시켰던 문제가 아울러 작용했던 것이다. 또한 이와같은 부조리를 묵인하면서 용병제를 구조적으로 가능하게 한 정치 지도자들의 책임의식도 문제였다. 츠빙글리가 이 문제를 개선하기 위하여 우선적으로 도입했던 방법은 용병제의 모순에 대하여 정보를 공유하고, 교회 안에서 이러한 용병중개업과 연금 수령으로 이득을 챙기던 집단에 대해서는 비판적으로 그 책임을 묻고, 직접적인 당사자들이자, 희생자들인 젊은이들에게는 용병제 체제 유지에 협조하지 않도록 그 문제성을 알려 주었던 것이다. 그리고 이 구조적 문제를 취리히 시의회를 통하여 단계적이며, 정책적으로 변화시키고자 힘썼다.

---

12 마르틴 하아스/정미현 역, 위의 책, 104.

츠빙글리는 본래 인문주의자 에라스무스의 영향을 받아서 평화주의를 추종하고 있었다. 그러나 그는 본격적으로 용병제를 반대하고, 스위스 연방의 자유를 수호하기 위하여 사람들이 함께 투쟁하도록 독려하였다. 그는 용병제 폐지를 관철하기 위하여 상황 윤리적 차원에서 심지어는 전쟁의 가능성을 염두에 두고 준비하도록 함으로써 초기에 그가 지녔던 에라스무스적 입장에서의 원칙주의적 평화주의 혹은 평화 절대주의에서 벗어나 "정당전쟁론"의 입장을 피력했던 것이라 볼 수 있다.[13] 그렇다고 해서 츠빙글리가 평화를 지향하던 기본 입장을 바꾼 것은 아니었다. 전쟁에 대한 츠빙글리의 견해를 다음의 인용문에서 읽어낼 수 있겠다.

> "만약 우리가 전쟁의 폭력을 우리들이 사용하고자 하는 대상을 향해서 정의롭게 사용한다면, 또는 말을 듣지 않는 사람들에게 일반 법질서를 따를 것을 강하게 요구한다면 그것은 문제가 되지 않습니다. 그러나 당신이 돈을 벌기 위해서 한 외국 군주의 종이 된다면, 그리고 죄 없는 나라를 약탈하고 점령하고 황폐화시킨다면 당신의 주장은 어떻게 정당화 될 수 있겠습니까? 어떻게 당신은 돈을 위해서 전쟁을 일으키면 안 될 지도자들, 곧 교황과 주교들과 수도원장들을 도울 수 있습니까? 이 질문에 대해서 우리는 그리스도인으로서 다음과 같이 대답해야 합니다. 우리는 절대로 전쟁을 일으켜서는 안 됩니다. 그리스도의 계명에 의하면, 우리는 우리를 비난하는 사람과 박해하는 사람들을 위해서 하나님께 기도해야 합니다."[14]

---

13 훌트라이히 츠빙글리/공성철 역, "발발 가능성이 있는 전쟁의 대비를 권면함(1524)," 『츠빙글리 저작선집 3』 (서울: 연세대학교출판문화원, 2017), 9-35.

14 훌트라이히 츠빙글리/임걸 역, "슈비츠 사람들에 대한 하나님의 경고(1522)," 『츠빙글리 저작선집 I』 (서울: 연세대학교출판문화원, 2014), 125-126.

츠빙글리는 전쟁 그 자체를 선동하고 인정했던 것이 아니었다. 그가 지향했던 것은 스위스의 전통적 미덕을 수호하고 민족주의적인 입장을 표방하지만, 원칙적인 비폭력주의가 아니라, 종교개혁을 수행하고 관철시키기 위하여 필요할 경우 전쟁도 불사해야 한다는 것이었다.[15]

15 마르틴 하아스/정미현 역, 위의 책, 281.

4. 베른의 종교개혁과 용병제도

취리히의 종교개혁적 시도에 동참하고자 하는 지역가운데 가장 대표적이며 전략적으로 중요했던 한 곳은 베른이었다. 베른의 종교개혁을 가능하게 주도한 인물은 니클라우스 마누엘(Niklaus Manuel 약 1484-1530)[16]이었다. 마누엘은 이탈리아의 투린에서 스위스로 이주해 온 가문의 사람이었다. 그는 루터의 영향을 받고 독일에서 왔던 베르크톨드 할러(Berchtold Haller 1492-1536)와 함께 베른에서 종교개혁이 이루어질 수 있게 결정적 역할을 감당하였다.[17] 가난한 가문 출신이었으나 시 서기 딸과의 결혼으로 어느 정도 신분 상승이 가능하였던 아버지에 의해서 마누엘은 교육을 받을 수 있었고 화가가 될 수 있었다. 제혁공 길드에 속했던 그는 평의회 의원의 딸과의 결혼으로 일정한 통치 역량을 발휘할 수 있었다. 그러나 그는 더 높은 고위 공직을 받고 싶었던 그의 욕망이 좌절되자, 1522년 북이탈리아에서 있었던 전쟁에 용병으로 참여하였다. 이 전투의 현장에서 그는 용병제를 둘러싼 스위스인들의 만행, 기만, 약탈, 살인, 욕설 등으로 뒤엉킨 문제 상황과 모순을 철저히 몸으로 깨닫게 되었다. 이러한 충격적 사건을 경험한 뒤 그는 이웃사랑의 계명을 포함한 복음을 전한다고 하면서 용병제도를 부추기는 교황과 가톨릭

16 Jakob Baechtold, *Niklaus Manuel, Allgemeine Deutsche Biographie*, Bd. 20, (Leipzig: Duncker & Humblot, 1884), 275-280.

17 마르틴 하아스/정미현 역, 위의 책, 201.

교회를 비판하기 시작하였다. 마누엘은 그를 추종하는 수공업자들을 움직여서 도시 베른을 중심으로 종교개혁의 기틀을 마련하여 주었고, 후에는 농촌 지역으로 이를 확산시켜서 베른을 종교개혁의 도시국가로 바꾸는데 가장 중요한 역할을 감당하였다.[18]

베른은 이와 같이 종교개혁 사상에 동조하는 이들에 힘입어 1528년 종교개혁을 단행하게 되었다. 종교개혁의 주도자들은 베른 주민들의 보편적 동의를 이끌어낼 수 있었기 때문에 가톨릭 주에 휩싸여 있던 그 지역에서 종교개혁파가 소평의회와 대평의회에서 모두 다수를 차지했다.[19] 마누엘은 교황의 용병정책에 대해서는 반대하였지만 프랑스왕의 정책에 대해서는 동조하는 입장을 취하였다. 그래서 용병제도는 금지되었으나 연금 수령은 계속 이어지고 있었다. 취리히의 야콥 그레벨(Jakob Grebel 1460-1526)과 베른의 마누엘이 종교개혁을 지지하였지만 연금 받는 것을 동조했던 대표적 인물이었다.[20] 이에 비하여 츠빙글리는 연금을 받는 자들과 종교개혁을 반대하는 세력을 초지일관 동일시하였다. 결국 취리히는 베른의 공조를 이끌어내지 못했는데, 베른의 종교개혁을 주도한 마누엘은 1529년 6월 3일 평화유지를 강력하게 요구하였으며 그의 연설에 대평의회 의원들이 동조하게 되었다.[21] 마침내 평화적인 조정을 원했던 베른이 취리히를 적극적으로 도와주지 않게 되자[22] 취리히는 곤경에 처하게 된 상태에서 1차 카펠 전투를 치루었던 것이다.

---

18 마르틴 하아스/정미현 역, 앞의 책, 201-204.

19 마르틴 하아스/정미현 역, 앞의 책, 213.

20 마르틴 하아스/정미현 역, 앞의 책, 227.

21 마르틴 하아스/정미현 역, 앞의 책, 262.

22 1530년 마누엘의 죽음 이후 베른 정치지도부는 취리히에 우호적이었던 협력관계를 종식하고 보수적인 사람들과 손을 잡게 됨으로써 취리히는 종교개혁을 돕는 세력을 잃어버리게 되었다. 이후 취리히 종교개혁은 위기에 이르게 되어 1, 2차 카펠 전쟁이 일어났을 때 스위스 중부 가톨릭 진영과는 달리 별다른 군사적 지지 세력을 갖지 못한 채 외롭게 투쟁하게 되었다. 마르틴 하아스/정미현 역, 앞의 책, 214-216, 273-333.

이 전쟁 중에 구교도와 신교도들이 각자 자기들의 주요 생산품목인 우유와 곡식을 가져와서 휴전하고 우유죽을 끓여 나누어 먹었던 카펠의 "우유죽 사건(Milchsuppe)"은 평화를 상징하는 기념비적 사건으로 남아 있다.[23]

츠빙글리는 민족과 정의를 수호하고자 노력하면서 카펠 전투를 진심어린 기도로 준비하고 출정하였다.[24] 그리고 그는 결국 1531년 10월 11일 2차 카펠 전투에서 사망하게 된다. 당시 가톨릭교도들은 그의 시체를 토막 내어 돼지고기 덩어리와 뒤섞어 태워버렸다. 츠빙글리의 추종자들이 그의 시체를 가져가서 다시 그 힘이 결집되는 것을 원치 않았고 츠빙글리의 주검을 조롱하기 위함이었다.[25] 츠빙글리가 죽은 장소가 정확하게 어디인지는 역사적으로 검증되지 않았지만, 그가 죽음을 맞았을 것으로 추정되는 카펠(Kappel am Albis)에는 그의 죽음을 기리는 기념비가 세워져있다. 거기에는 그의 육신은 죽일 수 있을지 모르지만, 그의 정신은 계속해서 살아남을 것이라는 문귀가 새겨져있다.[26] 실제로 그의 사상은 그의 후계자인 하인리히 불링거[27]에 의하여 계승 발전되었고 그 당시 칼뱅의 제네바 뿐 아니라 전 유럽으로 확산되어 오늘날 개혁교회(Reformed Church)의 토대를 이루게 된 것이었다.

---

23 마르틴 하아스/정미현 역, 앞의 책, 268-269.

24 Walter Köhler, "Ulrich Zwingli und der Krieg,"Christliche Welt, 29 (1915)675-682; Walter J. Hollenweger, *Huldrych Zwingli zwischen Krieg und Frieden. Erzählt von seiner Frau*, (München: Kaiser Ch., 1984), 58; Oskar Farner, Huldrych Zwingli, Bd.1-3, (Zürich: Zwingli Verlag, 1943-1960); 훌트라이히 츠빙글리/임걸 역, "하나님의 섭리(1530)", 『츠빙글리 저작선집 4』 (서울: 연세대학교출판문화원, 2015), 198-199.

25 마르틴 하아스/정미현 역, 앞의 책, 326-327.

26 http://www.zh-kirchenspots.ch/content/e1665/e1666/e6326/e14206/e3297/index_ger.html (2019년 7월 30일 방문).

27 취리히 시의회가 1531년 12월 9일 불링거를 츠빙글리의 후임으로 선출한 것은 종교개혁을 관철하겠다는 의지를 천명한 것이었다. 마르틴 하아스/정미현 역, 앞의 책, 333.

5. 음식규정에 대한 츠빙글리의 비판[28]

츠빙글리는 용병제도만을 단순히 비판했던 것이 아니라, 중세기 당시 강조되었던 사순절의 금식 규정을 포함한 가톨릭교회의 규례와 율법준수의 문제성과, 교회의 허상을 신학적으로 지적하였다. 종교개혁적 성향을 담은 츠빙글리의 비판적 설교 가운데 이와 관련된 가장 유명한 것 가운데 한 가지는 "금식 규례(die Speiseverbote)"에 대한 것이었다.[29] 츠빙글리가 본격적으로 취리히 그로스뮌스터의 담임목사로 부임하면서 행하였던 강해설교와 이와 같은 정치적 사안에 연관된 비판적 설교가 이후 취리히 시의회에 영향을 끼치게 되었고, 이러한 까닭에 1522년 1월부터 용병제가 부분적으로 폐지되었다.

중세기의 가장 중요한 교회적 관습과 신앙적 규례가운데 한 가지는 사순절에 육식을 먹지 못하게 하는 금식 규정이었다. 몇몇 사람들이 이러한 규정을 어기는 사건이 생겨나게 되었는데, 이것이 바로 저 유명한 "취리히의 소시지 사건(Das Zürcher Wurstessen)"이었다. 츠빙글리의 취리히 종교개혁은 바로 이 사람들이 금식규례를 어긴 이 사건으로부터 공론화되어갔다. 문제의 발단은 1522년 사순절 첫 주일인 3월 9일 저녁에 츠빙글리가 배석한

---

28 훌트라이히 츠빙글리/임걸 역, "자유로운 음식 규정에 대하여," 『츠빙글리 저작선집 I』 (서울: 연세대학교 출판문화원, 2014), 47-106.

29 금식 규례의 문제성을 비판한 내용은 츠빙글리의 67개 조항에도 담겨져 있다. Huldrych Zwingli, *Auswahl seiner Schriften*, hrsg. von Edwin Künzli, (Zürich: Zwingliverlag, 1962), 71;권선종, "종교개혁자 츠빙글리의 정체성 연구: 67개 조항에 대한 해설과 논증", (장로회신학대학교 석사학위논문, 2012), 11-12.

가운데 그를 포함하여 12명의 사람들이 취리히의 출판업자인 크리스토퍼 프로샤우어(Christopher Froschauer 1490-1564)의 집에 모여 소시지를 먹었던 것이었다.[30] 이 12명의 사람들 가운데에는 아인지델른의 신부이자 후에 성 베드로 교회 목사로 선출된 츠빙글리의 친구 레오 유드(Leo Jud, 1482-1542)와 당시 길드의 도제들과 수공업자등 여러 명이 포함되어 있었다. 츠빙글리는 그 자리에 함께 자리하고 있었으나 실제로 소시지를 먹지 않았던 것으로 전해진다. 그런데 프로샤우어가 식사에 초대된 이들에게 소시지를 대접한 것은 '금식기간 중에 육체적으로 고된 노동을 하는 사람은 고기를 먹을 수 있다'는 교회가 정한 예외 규정에 근거한 것이었다.[31] 츠빙글리 설교의 핵심은 복음이 주는 자유를 선포하는 것이었고, 사람들이 하나님으로부터 심판받을 것을 두려워하던 중세기의 억압적인 분위기와 율법에 종속되는 구조로부터도 벗어나게 돕는 것이었다.

츠빙글리는 사순절일지라도 사람들이 몸에 필요한 단백질을 공급받고 건강을 보호하는 것이 더 중요하다고 생각했기 때문에 이러한 행위를 죄로 여기지 않았다. 그는 젊은이들을 전장으로 몰아세우며 그 살을 취하여 더 큰 이득을 보고 있는 교회 지도층 인사들의 죄는 금식 규정을 어긴 것과는 비교할 수 없이 크나큰 죄악이라고 여겼던 것이다. 츠빙글리는 그로스뮌스터 교회 강단에서 1522년 3월 23일 사순절 세 번째 주일에 금식규례문제에 대하여 설교하면서 이들을 옹호하였고, 1522년 부활절 직후인 4월 16일 이 설교를 인쇄하여 출판하였다. 그 목적은 첫째, 츠빙글리의 친구들을 주교의 공격

---

30 마르틴 하아스/정미현 역, 앞의 책, 116.

31 사무엘 루츠/임걸 역, "자유로운 음식 규정에 대한 해설," 『츠빙글리 저작선집 I』 (서울: 연세대학교출판문화원, 2014), 43.

으로부터 보호하고, 둘째, 교회의 규정 때문에 동요하는 사람들을 진정시키며, 셋째, 자신의 종교개혁적 주제들을 공개적인 방식으로 발표하기 위함이었다.[32] 이 설교를 수정, 보완하여 출판한 "자유로운 음식 선택에 관하여(Die freie Wahl der Speisen, 1522)"[33]라는 글은 츠빙글리가 취리히에서 본격적으로 종교개혁을 시도하게 하는 공식적 문헌이 되었다.

츠빙글리는 사람이 음식을 못 먹게 할 수 있는 권한을 가질 수 없다는 것을 분명히 하면서, 음식 규정이나 금식 등 가변적일 수 있는 것을 교회가 일방적으로 모든 사람에게 동일하고 조건 없이 적용하는 시간을 초월한 율법으로 제정한다는 것은 억지임을 강하게 비판했다.[34] 이 소시지 사건을 발단으로 취리히 시에서는 종교개혁의 논의가 본격화되었고, 츠빙글리는 취리히 시의회와의 우호적 관계를 통하여 종교개혁을 추진할 수 있었다.[35]

이를 통하여 츠빙글리는 기독교적 자유의 의미가 무엇인지를 파악하려고 갈망하는 사람들을 위하여 자신의 입장을 피력하고 개혁주의 정신에 입각하여 복음을 해석하는 역할 모델이 되어 주었다. 이와같이 프로샤우어집에서의 식사모임에서 출발한 돌발적 행동은 교회의 공적 교회 갱신운동을 불러일으키게 되었고, 마침내 전체 교회의 연대적 행동으로 확대되어 엄청난 영향력을 발휘할 수 있게 되었다.[36] 면죄부 판매와 용병제로 부를 축적하던 교

---

32 훌트라이히 츠빙글리/임걸 역, "자유로운 음식 규정에 대하여," 『츠빙글리 저작선집 I』 (서울: 연세대학교출판문화원, 2014), 44.

33 그가 말하는 그리스도인의 자유란 다음과 같다. 1. 그리스도인은 모든 음식을 먹을 수 있다. 2. 시간적 제한이 없고, 모든 것은 항상 가능하다. 3. 사람들은 자유롭게 금식할 수 있어야 한다. 4. 교부들의 전통을 비판적으로 성서에 비추어 살펴야 한다. 5. 믿음이 약한 사람들을 배려하고, 그들이 복음을 더 잘 이해할 수 있도록 돕는다. 6. 금식하지 않고도 선한 일을 하는 것이 가능하다. 우리에게 요청되는 것은 선한 업적이 아니라 하나님에 대한 믿음이다. 훌트라이히 츠빙글리/임걸 역, 위의 글, 45.

34 위의 글, 103.

35 마르틴 하아스/정미현 역, 위의 책, 119.

36 사무엘 루츠/임걸 역, 앞의 글, 46.

회 지도층 이익집단과 이를 묵인하고 독려한 전제 군주들에 맞서서 취리히 시의회는 성직자들의 재산축적을 막고 도덕적 타락을 방제하기 위하여 제도적이며 정치적인 장치들을 마련하였다. 취리히 시의회는 소의원제와 대의원제로 구성되어 일반인들의 의견을 수렴하는 민주적 합의 구조를 정치에 도입한 모범적 사례가 되어 주었다. 이러한 개혁의 과정을 통하여 츠빙글리는 죄가 개인적 차원과 내면적 성찰로만 축소되지 않게 하고, 사회 구조적 차원에서도 죄의 문제를 사람들이 볼 수 있고 눈을 뜨게 만들어주었다.

6. 용병제에 대한 츠빙글리의 비판적 사상

면죄부 판매와 용병제도 중개업은 교회의 중요한 경제적 수입원으로써 그 당시 아주 성행하였고 교회의 지도자들은 이를 통하여 부를 축적하였는데, 이것이 중세 교회를 부패시키고 변질시키는 촉매제로 작용하였다. 츠빙글리는 스위스 중부지역 사람들이 용병에 복무하고 복음 설교를 억압하는 것을 그 지역 정치 지도부가 성서의 계명을 어기는 것이라 보고 그런 정권은 무너져야 한다고 생각했다. 그래서 종교개혁에 동조하는 도시들 사이에서의 동맹을 제안하면서 외교정책의 혁신적 과제를 제시하였다.[37] 그는 용병제도를 폐지하고 스위스 중부지방의 연금 수령자들을 처벌하고자 하였다. 이러한 츠빙글리의 과감함에 대해서 사람들의 평가가 엇갈렸다. 결과적으로 츠빙글리의 종교개혁 사상은 기독교 사회윤리의 토대를 놓는 중요한 단서들을 제공했다.[38] 그가 남긴 글들 가운데 용병제도를 반대하는 보다 구체적 이유와 그의 사상을 검토할 수 있는 두 문서를 다음과 같이 소개하고자 한다.

---

37 마르틴 하아스/정미현 역, 앞의 책, 240.

38 기독교 교리에 대한 그의 사상을 포괄적으로 드러내고 있는 문서는 1525년 3월에 발행된 "참 종교와 거짓 종교에 대한 해설(Commentarius de vera et falsa religione)"이다. 라틴어로 쓰여진 이 글은 기독교의 교리에 대하여 해설한 내용인데, 서언에 밝힌데로 프랑스 왕 프란츠 1세에게 헌정되었다. 그 시기까지 프랑스 왕의 연금제도를 철저히 비판하였고, 프랑스 왕과의 동맹정책을 완강히 거부하였던 츠빙글리가 자신의 저서를 바로 동일한 왕에게 헌정한다는 것은 이율배반적으로 보일 수 있다. 그의 의도는 프랑스 왕이 자신의 저술을 읽고 동의하여 주며, 종교개혁을 위하여 프랑스를 개방하여 줄 것을 기대했기 때문이었다. 1531년에 나온 그의 마지막 저서인 "신앙을 위한 주해(Expositio Fidei)"도 마찬가지로 그에게 헌정되었다. 그러나 츠빙글리가 희망했던 것과는 달리 프랑스 왕은 츠빙글리의 견해에 동조하지 않았으며, 프랑스 안에서 종교개혁을 위한 시도를 허용하지 않았다. 마르틴 하아스/정미현 역, 위의 책, 166.

"슈비츠 사람들에 대한 하나님의 경고"(1522)

1521년 스위스 연방과 프랑스 사이에 용병동맹이 맺어지게 되었다. 그런데 이 시기 취리히는 츠빙글리의 영향으로 용병동맹에 가담하지 않게 되었다. 이것은 스위스 내에서 용병제도의 철폐냐 유지냐 하는 가장 중요한 정치적 쟁점이 되었다. 츠빙글리는 이 문제를 단순히 사회, 정치 사안으로만 보지 않고, 기독교 신앙과 신학의 문제로 풀어나가기도 했다. 슈비츠 지역의 정치 지도자들과 친분관계를 지녔던 그는 이들을 설득하여 갈 수 있었다. 1522년 4월 27일 북이탈리아 비코차(Bicocca) 대재난이라고도 불리우는 이 전투에서 프랑스 군인들이 크게 전멸함으로써 프랑스 국왕에 종속되어있던 스위스 용병들도 큰 타격을 입었다. 이 참사는 스위스 용병제도와 용병 보상제도에 대한 격렬한 논쟁을 일으킨 계기가 되었다. 이러한 정치적 상황에서 1522년 5월 18일 용병협상이 있게 되자, 츠빙글리는 이와같은 협상에 반대하는 사람들을 돕는 의미에서 이 글을 발표하게 된 것이다.[39]

츠빙글리는 스위스의 연방인들이 외국의 권력자들에게 종속되지 않도록 이 글을 써서 호소하였다. 쉬비츠(Schwyz)는 스위스연방 탄생과 연관된 지역이기 때문에 츠빙글리는 더욱 관심을 갖고서 이 사안을 다루고 있었다.

"우리는 망치와 창으로도 우리를 제압할 수 없었던 사람들이 오히려 금덩어리를 가지고 우리를 제압할까 두려워할 수 밖에 없습니다. 하나님이 그런 일을 막아주시기를 바라며, 하나님의 지혜와 도우심이

---

39 한스 울리히 베히톨트/임걸 역, "해설," 『츠빙글리 저작선집 I』 (서울: 연세대학교출판문화원, 2014), 109-111.

여러분에게서 떠나지 않기를 간절히 기도합니다. 따라서 나는 여러분이 지혜롭게 되기를 간곡히 부탁합니다...나는 이 글을 어떤 편에 속하지도 않으면서 그리고 그 어떤 권력자의 부탁도 받지 않고 썼으며, 오히려 오로지 하나님을 두려워하는 마음과 귀한 스위스 연방을 사랑하는 마음에서 이 글을 썼습니다."[40]

민족주의적 성격을 지닌 츠빙글리의 사회 윤리적 내용이 이 글에도 담겨져 있다. 그는 하나님을 떠난 사람들의 이기심이 정치적이고 사회적 악의 근원이라고 보았다. 츠빙글리는 "불행한 삶의 방식이 가장 힘든 두려움으로 표현된 것이 용병제도이며, 그에 따른 보상제도이고 속임수와 교만이 그 제도의 본질"[41]이라 평가하였다. 그는 용병으로 나간 젊은이들을 따라서 종군사제로서 네아펠과 노바라, 마일란드 전투에서 스위스인들이 참패하던 현실을 모두 보게 된 후에 이 글을 쓴 것이었다.

"외국 군주들은 항상 자신들의 이익에 눈이 멀어서 순전한 스위스 연방제 사람들을 그렇게 다루었던 것입니다. 그래서 결국 그들은 우리들을 매우 위험한 상황에 처하게, 곧 수많은 원수들에게 우겨쌈을 당하도록 만들었습니다. 우리는 더 이상 자신의 조국을 생각하지 않게 되었습니다. 우리는 우리의 건물과 여성들과 어린이들을 보호하는 대신에, 권력자 자신의 소유와 권력을 유지시켜 주는데 심혈을 기울

---

40 훌트라이히 츠빙글리/임걸 역, "슈비츠 사람들에 대한 하나님의 경고(1522)," 『츠빙글리 저작선집 I』 (서울: 연세대학교출판문화원, 2014), 113.

41 한스 울리히 베히톨트/임걸 역, 앞의 글, 110.

이게 되었습니다. 그러나 정의로운 여러분들이 스스로 그렇게 했다고 생각할 필요는 없습니다...만약 우리가 변하지 않는다면, 그리고 그들이 끼치는 위험을 인식하고 막기 위해서 두 눈을 크게 뜨지 않는다면, 그들의 탐욕과 향락욕, 그리고 그들의 무식함과 불순종은 나날이 늘어만 갈 것입니다."[42]

츠빙글리는 용병의 비도덕성과 잔혹함에 대하여 다음과 같이 그 문제성을 역설함으로써 신의로 다져진 스위스 연방인들이 그들의 충성심과 우직함을 잘못 사용하지 않도록 권면하고 있다.

"만약 외국 용병들이 여러분의 땅에 쳐들어와서 여러분의 목초지와 포도밭을 완전히 파괴시키고, 여러분들의 젖소와 송아지들을 다 쫓아버리고, 집에 있는 모든 도구들을 한데 묶어서 빼앗고, 당신의 딸들을 성폭행하고, 당신의 아내가 그 외국 용병 앞에서 비참하게 엎드려 제발 자기 남편과 가족을 해치지 말라고 사정하지만 무자비하게 용병의 발에 채인다면, 또한 그들이 무서워 숨어있던 당신을 찾아내서 당신의 아내가 보는 앞에서 당신이 존경받는 노인인 것도, 그리고 용감한 당신 아내의 고통이나 비명을 전혀 아랑곳하지 않고 당신을 잔인하게 칼로 찔러 죽이려하고, 당신 집과 농장을 완전히 불태워 버리려고 할 때, 여러분들의 아들들이 당신과 당신의 가정을 보호하려고 격렬하게 저항하지만 외국 용병들이 당신의 아들을 때려죽이는 상

42 훌트라이히 츠빙글리/임걸 역, 앞의 글, 121.

황을 한 번 상상해 보시기 바랍니다. 만약 그러한 악당들을 집어 삼키기 위해서 하늘이 열리지 않는다면, 그리고 땅이 열리지 않는다면, 아마 당신은 하나님이 살아 계신다는 것을 믿지 않을 것입니다. 만약 당신이 똑같이 그러한 악한 일을 다른 사람들에게 한다면, 당신은 그것이 전범재판에 회부될 행동으로 생각할 것입니다. 용감한 병사들의 행위가 바로 잔인한 전쟁 행위라면 도대체 용감한 병사라는 것이 무엇을 의미하는지 한 번 곰곰이 생각해 보시기 바랍니다."[43]

츠빙글리는 소수의 사람들이 이 용병제와 연금제도를 이용하여 집과 땅을 탐욕스럽게 차지하고 부를 늘려가는 불의한 상황에 대해 이사야 5장 8-9절을 인용하면서 비판하고 있다. "...현실은 매우 유감스럽게도 사람들이 하나님의 분노를 두려워하지 않고, 오히려 그러한 방법으로 자신들의 부를 쌓아가고 있는 상황입니다."[44] 츠빙글리는 뇌물을 받고 부화뇌동하는 사람들의 선동에 의하여 수많은 사람들이 잘못된 생각을 품게 되고, 검소한 생활보다는 허황된 사치에 눈을 돌리게 되며, 땅에서 소출을 얻어내는 건전한 노동을 외면하게 되는 것을 경계하였다.

"그러나 만약 뇌물을 받은 부패한 사람들이 '우리는 외국 군주를 받아들여야 한다. 왜냐하면 우리는 너무 가난한 민족이고 그리고 매우 척박한 땅만을 가지고 있기 때문이다'라고 주장한다면, 그들의 말

---

43 훌트라이히 츠빙글리/임걸 역, 위의 글, 122.
44 훌트라이히 츠빙글리/임걸 역, 위의 글, 122.

은 현재 우리가 가진 좋은 양식과 옷에 만족하지 못할 때, 그리고 우리에게 결핍된 그 무엇을 어디에선가 반드시 보충해야 할 경우에만 타당한 주장입니다. 그러나 우리가 분수에 맞지 않는 호화스러운 생활을 할 경우에 그들은 그와 같이 궁색한 말을 할 자격이 없습니다…우리 땅은 아직도 비옥합니다. 또한 다른 나라 사람들처럼 우리 땅에는 능력있고, 성실하며, 용감한 사람들이 많이 있습니다. 이 땅에 그러한 사람들이 많이 있다면 이 땅은 아직도 사람들을 먹이기에 충분히 비옥한 땅입니다."[45]

츠빙글리가 말하고자하는 기독교적 노동윤리의 핵심이 여기에 나타나고 있다. 그는 땀 흘리는 건전한 육체노동에 의해서가 아니라, 불의한 방법으로 소득을 올리는 것을 비판하면서 인간의 노동의 중요성과 그 소중함을 일깨우고 있는 것이다. 츠빙글리는 연금제도가 구조적으로 뇌물과 용병제도와 연결 되어 있으며 교황과 당시 가톨릭교회 지도부가 이에 연관되어 있기 때문에 그 제도적 위법성과 문제성을 고발하고 있는 것이다. 츠빙글리가 용병파병문제와 더불어 우려했던 또 다른 문제점은 외국과의 교류에서 저급한 문화가 유입되는 것이었다.[46] 츠빙글리는 용병을 다녀 온 사람들에 의하여 건강하고 건설적인 문화가 유입되는 것이 아니라, 오히려 사치스런 저급한 문화의 유입으로 근면한 사람들의 생활 방식이 망가지게 될 것을 우려한 것이었다. 츠빙글리가 이 용병을 반대했던 다른 이유는 권력자의 뇌물이 스위스

---

45 훌트라이히 츠빙글리/임걸 역, 위의 글, 126-127.
46 훌트라이히 츠빙글리/임걸 역, 위의 글, 129.

연방 사람들 안에서 질투와 배반을 일으키게 해서 민족의 분열을 초래하게 될 것이라는 또 다른 염려 때문이었다. 또한 용병제도로 연금을 받게 되면서 외국 권력자에 대한 종속 구조에서 벗어날 수 없게 됨으로써 그들의 종이 될 수 있는 체제를 츠빙글리는 경계하고자 하였다.[47]

> "외국 권력자들에게서 오는 돈을 주의하십시오. 그 돈이 우리를 망가뜨릴 것입니다. 가능한 한 그 돈에서 자유롭게 되십시오…그러나 만약 우리가 그러한 사회적 악을 고치지 않는다면 두렵건대 우리는 후에 심하게 후회하게 될 것입니다."[48]

츠빙글리는 스위스 연방인들이 교만하지 않고 하나님에 대한 경외와 신뢰를 강화하여 나갈 것을 역설하고 있다.

> "하나님이 우리들의 소리를 들으시고 우리를 복된 길로 인도하시도록 정의로운 모든 사람들은 항상 하나님을 불러야 합니다. 아직 우리를 막는 수많은 적대세력들이 있다는 것은 아무 문제가 되지 않습니다. 왜냐하면 하나님은 수많은 적대세력보다 훨씬 강하기 때문입니다. 우리는 간절하게 하나님께 기도하는 것을 멈추어서는 안 됩니다."[49]

이러한 민족주의적 애국심을 담은 글을 슈비츠 사람들에게 보내면서 츠

---

47 홀트라이히 츠빙글리/임걸 역, 위의 글, 130.
48 홀트라이히 츠빙글리/임걸 역, 위의 글, 131.
49 홀트라이히 츠빙글리/임걸 역, 위의 글, 133.

빙글리는 다음과 같은 말로 끝맺음 하고 있다. "슈비츠 지역의 아름다운 명성이 지속되기를, 그리고 외국 권력자에게 용감히 저항하기를!"[50] 슈비츠 지방정부는 츠빙글리가 이 글을 발표한 이후 용병계약을 포기하였으나, 1522년 8월 프랑스 영향권에 있던 지역과 정치적으로 다시 연대하며 용병제를 선호하는 것으로 돌아섰다.[51]

"스위스 연방에 대한 간곡한 경고"[52]

1524년 츠빙글리는 슈비츠 사람들에게 용병제에 참가하여 민족정신과 육체를 망가트리지 않도록 호소하였던 내용을 더욱 심화시켜서 "스위스 연방에 대한 간곡한 경고"라는 제목의 사회비판적 글을 다시 발표했다. 이 글은 1524년 4월 20일 스위스 연방인 루체른 의회에서 우리(Uri), 슈비츠(Schwyz), 운터발덴(Unterwalden), 루체른(Luzern), 축(Zug)을 중심으로 하는 스위스 연방동맹이[53] 결성되었고, 샤프하우젠(Schaffhausen)과 바젤(Basel)은 여기에 동참하지 않았지만, 그 회의에서 연방인들 가운데 취리히시에 반대하고 종교개혁에 반대하는 힘이 집결되었던 것을 배경으로 하고 있다.[54] 츠빙글리는 스위스 연방인들이 프랑스왕과의 동맹 때문에 북이탈리아 전쟁에 참여하여 그곳에서 벌어진 전쟁의 참화와 형언할 수 없는 비극을 목격하였기 때문에 종교개혁을 통하여 용병제도를 비판하고 연금제도를 개

---

50 훌트라이히 츠빙글리/임걸 역, 앞의 글, 133.
51 한스 울리히 베히톨트/임걸 역, 앞의 글, 111.
52 훌트라이히 츠빙글리/임걸 역, 위의 글, 370-381.
53 스위스의 연방동맹은 1291년 우리, 슈비츠, 운터발덴주의 연합체로 생겨났다.
54 한스 울리히 베히톨드/임걸 역, "해설," 『츠빙글리 저작선집 I』(서울: 연세대학교출판문화원, 2014), 367.

선하려 하였다. 그러나 이러한 시도가 스위스 연방동맹에서 받아들여지지 않고 취리히가 점차 고립되어가던 위기의 상황이 벌어지게 된 것이다. 1521년에는 6000명, 1524년에는 8000명의 용병이 추가로 파병되었으나 전쟁에 지면서 연방인들의 치명적인 인적 손실만 가져왔고, 프랑스 군대의 전세는 회복될 기미를 보이지 않았다.[55]

취리히 시의회는 1524년 4월 27일 12개 스위스 연방에 편지를 발송하고 종교개혁의 입장과 상황을 호소하고 자주적인 길을 모색하도록 동참을 촉구하였다.[56] 취리히 시의회의 선언문과는 별도로 츠빙글리는 호소문을 마련하여 사람들의 의식과 행동의 변화를 기대했던 것이었다. 츠빙글리는 이 당시 아주 격렬한 논란이 격화되는 한 복판에 서 있었고 심지어는 이단시비에 휘말려 있어서 츠빙글리의 실명을 노골적으로 표현하기 보다는 "외국에 거주하면서 조국을 걱정하며 스위스 연방 사람들의 양심에 호소하는 스위스인"[57] 이라는 표현을 사용하였다.

이 글에서도 츠빙글리는 스위스 연방이 외국 권력자와 연대할 때 생겨날 수 있는 위험성과 그 병폐에 대하여 설명하며 용병에 참여하지 않도록 연방국민들에게 호소하고 있다. 용병제는 외국 권력과 결탁하여 부정부패, 사악한 사회관습, 사회적 불안, 권력에 종속되는 등 많은 문제를 야기하고 있기 때문이다. 악한 제후들은 일하지 않고 놀고먹는 것을 더 좋아하는 사람들의 습성과 경향을 이용하여 일도 하지 않고 사치스러운 생활을 하도록 만들어 버렸고 결국 가

---

55 한스 울리히 베히톨드/임걸 역, 위의 글, 367.

56 한스 울리히 베히톨드/임걸 역, 위의 글, 368.

57 훌트라이히 츠빙글리/임걸 역, "스위스 연방에 대한 간곡한 경고(1523)," 『츠빙글리 저작선집 I』(서울: 연세대학교출판문화원, 2014), 370.

족간, 동료간, 형제간 갈등과 싸움을 부추키게 되었다는 것이다.[58]

츠빙글리는 고대 스위스 연방의 조상들이 착취를 일삼던 부패한 귀족을 몰아내고 근면한 노동을 통하여 땅을 경작하여 살아가고 용감하게 외세를 몰아냈던 조상의 역사를 자랑스럽게 언급한다. "우리 선조들은 교만하고 부도덕한 귀족들을 몰아내었고, 열심히 일해서 먹고 살았고, 용감하게 싸워서 외국의 지배자들을 몰아내고 그들로부터 자유를 찾았습니다."[59] 그런데 그 후손들은 방탕하여져서 새로운 귀족계급을 만들어내고 사치스러운 생활을 하느라고 돈을 추구하고 그래서 용병을 지원하게 되었으며 결국은 외세의 종이 되어버린 현실을 개탄하고 있는 것이다. 츠빙글리가 보기에 그 당시의 연방인들은 검소하고 부지런하게 살았던 조상들의 모습과는 전혀 반대되는 모습으로 살아가고 있었던 것이었다.[60] 노동은 천시 받았고, 사람들은 농업의 중요성을 잊어버렸다.

> "현재는 아무도 열심히 일해서 먹고 살려고 하지 않습니다. 사람들은 여기 저기 널려있는 자기 밭들을 풀만 무성하게 자라도록 내버려 두고 있습니다. 아무도 더 이상 농사를 지으려고 하지 않습니다. 그러나 열심히 농사짓는 사람들이 많이 있으면 좋겠습니다. 그리고 또한 여러 사람을 먹여 살릴 수 있는 땅이 잘 경작되었으면 좋겠습니다."[61]

---

58 훌트라이히 츠빙글리/임걸 역, 위의 글, 372.
59 훌트라이히 츠빙글리/임걸 역, 위의 글, 372.
60 훌트라이히 츠빙글리/임걸 역, 위의 글, 373.
61 같은 글.

츠빙글리가 농사를 장려하면서 스위스의 지형에 맞는 농작법과 물물교환 형태의 유통과 경제 순환구조를 말하고 있는 내용도 무척 구체적이다.

> "비록 우리 땅에서 계피, 생강, 말바지산 포도주, 향신료, 오렌지, 비단 등 특별하거나 사치스러운 농작물들이 생산되는 것은 아닙니다. 그러나 우리 땅은 버터와 마이스터 부어쯔, 그리고 우유를 우리에게 제공하며 그 위에서 말과 양 그리고 갈색 소를 기를 수 있도록 만들어주며, 그리고 튼튼한 면직물과 포도주와 곡식을 우리에게 풍성하게 가져다주는 비옥한 토지입니다. 그러한 농산물을 통해서 건강하고 부지런한 사람들이 자라게 되는 것입니다. 여러분들은 스스로 가꾼 생산물을 여러분에게 부족한 생산물들과 교환할 수 있습니다."[62]

그런데 근면하고 정직한 노동에 바탕을 둔 생산과 유통의 구조가 선하게 작용할 수 없는 이유는 인간의 이기심 때문이다.

> "여러분의 이기적인 생각들이 그러한 경제의 순환을 막아버리고 있습니다. 여러분 가운데 널리 퍼져있는 그러한 이기적인 생각 때문에 일하겠다는 사람보다는 놀고먹자는 사람들이 많이 나타나고 있습니다. 그러나 노동은 선한 것이며 신성한 것입니다. 노동은 사람이 방탕하거나 타락하지 않도록 만듭니다. 또한 노동은 곡식을 생산하게 만듭니다. 우리는 노동을 통해서 생산된 그 곡식으로 건전한 양심을 가지고 먹고 살 수 있습니다. 그렇게 되면 우리는 '죄 없는 사람의 피

---

62 같은 글.

값으로 먹고 사는 것에 대한 두려움 없이, 그리고 양심에 더러운 오점을 남기는 것에 대한 두려움' 없이 건전한 노동을 통해 생산된 그 곡식으로 먹고 살 수 있습니다."[63]

비도덕적인 방법이나, 부당하게 재화를 축적하는 것이 아니라, 츠빙글리는 육체노동의 중요성을 강조하면서 소득을 증대시키도록 권장하고 있었다.

"육체노동은 우리 몸을 건강하고 강하게 만들며, 게으름 때문에 생기는 병들을 낫게 해 줍니다. 가장 아름다운 모습은 하나님의 손에서 모든 창조물이 생겨난 것처럼 노동자의 손에서 과일과 작물들이 나타나는 것입니다. 따라서 노동하는 사람들은 세상의 그 어떤 존재보다 겉으로 볼 때 가장 하나님과 비슷한 사람들입니다."[64]

츠빙글리는 용병을 나가게 되면 죽거나 부상당할 위험성이 높은 것과 몸을 망가트려가면서까지 용병으로 돈을 버는 것과 농사를 지으면서 그 소출을 감사하며 살아갈 수 있는 것을 다각적인 면에서 비교하여 설명하였다. 돈으로 스위스 연방의 젊은이들을 유혹하여 최전방에 배치하고 그들의 부모들을 눈속임으로 현혹시키는 그러한 불의한 구조를 츠빙글리는 직접 전장의 현실에 참여해서 간파하였던 것이었다. 그리고 뇌물을 받고 쉽게 돈을 만지고 버는 사람들의 생활 양태는 사치하고 허례와 허식하며 방탕한 것이어서

---

63 같은 글.
64 훌트라이히 츠빙글리/임걸 역, 위의 글, 373-374.

결국 이러한 삶은 파산으로 이어지고 모든 재산이 다시 뇌물 제공자에게 넘어가는 악순환을 피할 수 없게 되는 것이 당시의 보편적 현실이었다. 사람들이 뇌물에 익숙해 있고 많은 생활비를 필요로 해서 재산을 탕진하게 되면 결국 월급을 받고 전쟁터에 용병으로 다시 팔려갈 수밖에 없었다. 이와같이 경제, 사회적으로 지속되던 구조적 악순환은 신흥귀족과 교회 지도층 인사들이 모두 결탁하여 벌어지는 일들이었다.

츠빙글리는 다수의 사람들이 돈을 벌기 위해 사투를 벌이는 반면에, 이들의 피 값을 바탕으로 소수의 사람들은 부정부패한 방법으로 부를 쌓아가고 향유하는 이와같은 사회적 위기를 고쳐 나가고자 하였다.

> "여러분들의 젊은이들이 현재 마일란드에 있으며, 굶주림과 갈증, 그리고 병에 고통당하고 있으며, 계속해서 진흙탕 같은 전투에서 목숨을 잃어가고 있다는 사실을 생각해 보십시오. 그들은 고향으로 돌아오기를 원합니다. 그러나 우리 권력자들은 돌아오기를 원하는 젊은이들에게 만약 그들이 돌아온다면 사형선고를 내릴 것이라고 위협하고 있습니다."[65]

츠빙글리는 이와같이 부조리한 문제 상황 속에서 뇌물 수수를 통한 부정부패의 고리를 끊어내고자 노력한 것이다.

> "다른 사람들이 여러분처럼 뇌물을 받지 않으며 우리 연방을 위

65 훌트라이히 츠빙글리/임걸 역, 위의 글, 376.

해 위험에 빠트리는 짓을 하지 않도록 여러분은 뇌물을 받지 마십시오...왜냐하면 뇌물은 지혜로운 사람을 눈멀게 하고 의로운 사람의 말을 왜곡시키기 때문입니다."[66]

그런데 그러한 사회 정의 실현을 위해서는 사리사욕을 추구하지 못하게 만들어야 하며 그 방법은 하나님 말씀을 순수하게 선포하는 것으로써 바꾸어 나갈 수 있다고 본 것이었다.

"몇몇 사람들이 말하기를 어떤 지역 사람들은 하나님 말씀을 배우고 나자 외국 용병으로 참가하는 것을 포기했다고 합니다."[67]

그리고 츠빙글리는 하나님이 스위스 민족을 지키시고 도우심을 설교함으로써 사람들이 두려움으로부터 벗어나고 힘을 얻도록 위로하고 있었다.

"비록 악마는 시기하여 여러분을 죽이려고 하겠지만 여러분은 하나님을 두려워함으로 조국을 지켜낼 수 있을 것입니다. 왜냐하면 하나님을 두려워하는 곳에 반드시 하나님의 도우심이 있기 때문입니다. 그러나 하나님의 도우심이 없는 곳에 지옥이 있고, 또한 모든 위기와 불의가 있습니다."[68]

---

66 훌트라이히 츠빙글리/임걸 역, 위의 글, 372.
67 훌트라이히 츠빙글리/임걸 역, 위의 글, 380.
68 훌트라이히 츠빙글리/임걸 역, 위의 글, 381.

츠빙글리는 이기주의와 사리사욕의 추구가 모든 사람의 공동의 선을 위협하는 부정적 요인임을 설명하며, 다른 사람을 무시하고 남을 배려하지 않는 사람들의 행동에 경종을 울리고자 하였다. "...서로 힘을 모으십시오. 오히려 외국 세력이 자기들끼리 싸우도록 만드십시오...외국 세력이 꾸미는 일에 끼어들지 마십시오."[69] 그는 민족정신을 종교개혁과 연관지었으며, 종교개혁의 정치, 사회적 파급효과를 기대했던 것이다.[70]

츠빙글리는 1524년 5월 2일이라고 날짜가 적힌 이 호소문을 마감하면서 하나님의 이름을 위해서 스위스 연방의 사람들을 죽음으로 몰아가는 세력들 앞에 그런 기회를 내어주지 않도록 했다. 또한 사람들이 하나님 말씀을 경청하도록 권면하며, 하나님의 보호하심을 간구하는 기도로 끝맺음하고 있다. 츠빙글리가 용병에 반대하는 이유와 사상을 검토할 수 있는 이 두 문서의 내용을 요약하면 첫째 교회와 사회의 부정부패를 개혁하여야 한다. 둘째 하나님의 말씀을 회복함으로써 추락한 인간의 도덕성과 윤리적 책임성을 강화해야 한다. 셋째 경제 구조적 개혁을 통하여 공공의 선과 신성한 노동윤리를 촉구하여야 한다는 것이다. 이와 같이 츠빙글리가 그 토대를 마련한 기독교 사회윤리는 16세기 스위스의 상황에서 뿐 아니라 21세기 신자유주의 체제에 종속되어 살아가는 우리에게도 여전히 유효한 지침이라고 할 수 있겠다.

---

69 훌트라이히 츠빙글리/임걸 역, 위의 글, 378.

70 츠빙글리의 사회경제윤리의 중요한 기본 문서 중에 하나인 "누가 사회를 혼란스럽게 만들었는가"라는 글은 1524년에 발표된 것이었다. 스위스와 독일 남부의 농민 봉기와 경제 위기의 시대에 그는 영주들의 이기심을 비판하고 공공의 선과 복지를 확대하는 방안을 마련하고자 한 것이었다. 그래서 그는 구체적으로 토지와 이자 제도개선을 위한 수도원의 철폐, 이자제도의 폐지와 조세제도의 개혁을 통한 기금마련과 아울러 사회 강자에 의하여 부가 독식되지 않도록 정의로운 사회 체제를 마련하고자 시도하였다. 훌트라이히 츠빙글리/임걸 역, "누가 사회를 혼란스럽게 만들었는가," 『츠빙글리 저작선집 I』 (서울: 연세대학교출판문화원, 2014), 388-486.

7. 결어를 대신하여: "패전으로부터의 구원"

용병제도란 스위스의 암울했던 역사의 한 부산물인데 스위스인들은 그 사실을 부정하거나 망각하지 않고, 오히려 적극적으로 스위스를 대표하는 역사적 상징성으로 승화시키고 관광산업과 스위스의 이미지를 부각시키기 위하여 활용하였다. 이처럼 부정적인 것을 긍정으로 승화시키는 그들의 방법이 놀랍다. 2015년은 치욕적인 스위스 용병역사가 절정에 이르렀던 마리냐노 전투 500주년을 기념하는 해였다.[71] 그리고 2019년은 츠빙글리 종교개혁 500주년을 기념하는 해였다. 이런 맥락에서 본 논문은 아직 츠빙글리에 대한 연구가 확산되지 않은 우리나라에 그의 종교개혁의 시발점이자 가장 핵심적 사안이었던 용병제의 문제점을 소개하고 그 의미를 되새겨보고자 하였다. 특별히 민족주의적 시각과 기독교 사회윤리의 측면에서 스위스 용병제에 대해서 종교개혁 당시의 사회경제적 배경과 연관하여 조명하는 것은 필요하고 중요한 일이라고 볼 수 있겠다.

페터 보겔장어(Peter Vogelsanger)는 1965년 마리냐노 전투 450주년을 기념하면서 치비도(Zivido)에 한 기념비를 세우게 했다. 그는 이 전투에서의 패전으로 인하여 이후 스위스가 다른 나라의 전투에 참여하지 않게 되고 오

---

71 Unterlagen des Symposiums Tessin, Marignano und seine Bedeutung für die Eidgenossenschaft 1515-2015, Bellinzona, 29. März 2014, hrsg. von Marino Viganò Stiftung Trivulzio, Mailand, SEB Società Editrice, Chiasso, 2015; http://www.marignano1515.ch/index.php?lang=de (2019년 7월 30일 방문).

히려 19세기 이후에는 정치적 중립성을 지키는 계기가 되었다는 전화위복의 의미를 담아 "패전으로부터의 구원(Ex Clade Salus)"[72]이라는 표현을 이 기념비에 새겨 넣었다. 부정적인 역사의 한 일면이었지만 스위스의 국민들은 이것을 지나간 역사로만 보지 않고, 역사바로보기를 하면서 그것을 넘어서서 긍정적이고 건설적인 미래로 연결 지었던 것이다. 스위스는 용병제에서의 신의 성실을 바탕으로 국가의 이미지를 잘 관리할 수 있었으며, 국가 이름이 곧 명품브랜드의 가치를 갖게 되었다. 이와 같이 부정적 역사가 지닌 역기능을 건설적인 순기능으로 전환시킨 스위스인들의 지혜는 역사에 대한 통찰력과 온고지신하는 태도로부터 비롯된 것이며 이는 풍부한 문화와 역사유산을 지닌 우리에게도 타산지석의 귀감이 된다고 할 것이다.

스위스는 츠빙글리의 종교개혁을 통하여서 소수가 다수를 지배하는 착취구조와 경제적 불의를 극복하였고, 구조악에 저항하면서 공동체 의식을 강조하는 민주주의의 기틀을 다질 수 있었으며, 다른 나라와의 외교적 관계에서 중립성을 지킴으로써 그 고유한 국가적 가치를 만들어 갈 수 있었다. 이처럼 용병제도의 문제를 개선한 것은 종교개혁이 교회 내의 개혁으로만 남아있지 않고, 사회경제적 불의를 치유하고, 공공의 선을 추구한 사건이었으며, 평화와 안정을 가능하게 했던 개혁이었다. 스위스 종교개혁 사상은 스위스 민족주의, 지역적, 시간적 경계를 넘어 오늘날에도 우리가 그 정신을 이어가야 할 살아있는 유산이다.

---

72 http://www.marignano1515.ch/index.php?lang=de (2019년 7월 30일 방문).

III

한스 스투룹

츠빙글리 종교개혁 이야기 12 마당

그림출처 : 한스 아스퍼(Hans Asper)의 작품을 기초로 루돌프 뷔젠바흐(Rudolf Wyssenbach)가 완성한 츠빙글리 초상화(취리히 중앙도서관소장)

1518-1531년 사이에 취리히 종교개혁의 12가지 역사적 상황과 각 주제를 오늘의 이야기와 연결 지은 도입부

I. 그로스뮌스터 참사회 앞에서 츠빙글리가 민중사제로 지원하다 (1518)

(츠빙글리, 4명의 참사회원인 우팅거, 호프만, 폰 술테이스, 마우러)

1518년 11월 말 츠빙글리는 심사위원석 맞은 편에 마주 앉았다. 아인지델른에 사는 이발소 딸과의 관계에 대하여 말하고 있다.

II. 흑사병에 걸린 츠빙글리-흑사병의 노래 (1520)

(츠빙글리를 돌보는 사람들, 안나, 베르타, 베레나, 로스비트, 환자인 츠빙글리, 노래하는 이)

여인들이 환자와 죽어가는 이들을 돌보고 있다. 츠빙글리도 그 중에 한명이었으나 그는 병을 극복하게 되었다. 처음으로 그는 안나 라인하르트를 만나게 되었다. 그리고 츠빙글리는 흑사병의 노래를 지었다.

III. 소시지 먹는 것에 대해 시장에서 사람들이 나누는 대화(1523)

(루이제 랑, 베아테 스탬플리, 안나 봐이드만, 리나 뤼플리, 크리스토프 프로샤우워)

인쇄업자 프로샤우어 집에서 성 금요일에 금식 규정을 어기는 일이 생겨났다. 이 일이 알려지게 되어서 시장터에서 격렬한 토론이 벌어졌다.

IV. 논쟁의 실행-성화철폐, 미사 금지 (1524)

(디에텔름 뢰이스트 시장, 시의회원/길드 장인 게스너, 시의회원/길드 장인 퓌슬리와 그의 부인 게르투르트 퓌슬리)

시장의 집에 몇 명이 모여서 성화를 어떻게 제거할 것인지 논의하였다. 그 과정에서 1523-24년 취리히 논쟁의 여러 쟁점에 대해서도 언급하였다.

V. 빈민 구제 제도의 도입 (1525)

(알로이스, 카타리나, 소피, 안나 라인하르트)

거리에서 새로운 구제책과 행동강령에 대해 언급되고 있다. 거리에서 구걸하는 모든 행위는 금지되었다. 그대신 무에스하페라는 빈민 구제소가 마련되어서 가난한 사람들에게 음식이 제공되는 제도가 생겨났다. 츠빙글리의 부인이 이 일에 동참하였다.

VI. 재세례파 지도자 펠릭스 만츠의 수장형(1526)

(바바라 기슬러, 미나 그레벨, 엘리사벳 문츠, 콘라드 기슬러)

바바라는 창틈으로 급진주의 재세례파 운동을 주도한 사람의 첫 번 처형 장면을 바라보고 있다. 종교개혁은 이 사건으로 큰 오점을 남기게 되었다.

VII. 성서학교 "프로페차이(Prophezei)"(1527)

(학생들인 엘스베트, 아니나, 하인리히)

그로스뮌스터에서 구약을, 프라우뮌스터에서 신약을 배우던 세 명의 학생들이 그들의 경험을 서로 나누면서 하나님의 정의와 하나님의 도시에 대해 말한다.

VIII. 용병반대와 베른에서의 츠빙글리 (1528)

(니클라우스 마누엘, 그의 부인 카타리나 프리쉬, 츠빙글리)

츠빙글리가 베른에서 니클라우스 마누엘과 그의 부인 카타리나를 만난다. 그들은 스위스 연방의 사람들이 용병을 나가서 외국 사람들에게 종속되는 것을 거부해야 된다고 생각한다. 니클라우스는 비코차 전투에 저항하는 노래를 불렀고 "죽음의 춤" 장면을 보여준다.

IX. 성만찬에 대한 마부르크에서의 종교담화 (1529)

(마르틴 루터, 울리히 츠빙글리, 안나 라인하르트 츠빙글리, 카타리나 폰 보라-루터, 필립 1세)

종교개혁자들의 부인들이 필립 1세 백작 앞에서 어떻게 그들의 남편들이 서로 이해하여 합의할 수 있겠는지 보여준다.

X. 전쟁의 위협에 반대하며-취리히 시의회 앞에 선 베른의 니클라우스 마누엘 (1529)

(니클라우스 마누엘, 뢰이스트 시장)

베른의 종교개혁자는 취리히 시의회에서 5개 지역에 대항한 형제전쟁으로부터 거리를 두겠다고 맹세한다.

XI. 카펠전투에서의 패배 이후 (1531년 10월 11일)*

(병사들인 아드리안, 펠릭스, 발터, 게오르그, 칼, 베르흐톨드와 이들을 돌보아 주던 여성들 요한나, 게르투르트, 엘리사벳)

카펠의 한 헛간에서 여인들이 병사들을 돌보아주고 있다. 이들은 카펠 전투에서 부상당하거나 보호와 도움을 요청한 병사들이다. 한 병사는 곧 죽었고, 다른 이들은 냉소적이거나 말이 없다.

XII. 안나 라인하르트의 일기에서 (1531)**

(안나, 그의 딸 레굴라)

안나가 10월 12일과 20일에 일기를 썼다. 사랑하는 남편의 죽음에 대해 그녀의 비통한 심정을 적고 있다. 안나의 딸 레굴라가 그것을 나중에 발견하여 읽는다.

* 11마당은 "투구를 벗으라-울리히 츠빙글리와 그의 투구에 대한 이야기" (2014년 초연된 Friedo Dürr, Andres Boller, Hans Strub의 작품)에서 나온 것임.

** 12마당은 2017년 출판된 크리스토프 지그리스트의 책에서 가져온 것임. Christoph Sigrist, *Anna Reinhart und Ulrich Zwingli* (Freiburg: Herder-Verlag, 2017).

종교개혁 시대의 역사적 장면의 재구성

이 연극에서 등장하는 배우들은 현재 시점에서의 모습으로 앞부분에 잠시 먼저 등장한다. 그래서 오늘날의 상황과 종교개혁 당시의 상황을 연결하게 해준다. 이러한 도입부는 본래 스위스 독일어로 쓰여 졌으며 나머지 부분은 표준 독일어로 쓰여졌다. 이 도입부와 본문 부분을 연결하는 중간 부분은 역사적 상황에 근거하여 창작된 짧은 장면으로 이어지게 되어 있다.

이 헬퍼라이 연극단은 다음의 스위스 웹사이트에서 주문할 수 있다.[1] 이 극단은 배우들이 스위스 전국 각지로부터의 초청에 응하여서 예배에서, 혹은 교육적 목적으로, 견신례 교육 수업, 교인들을 위한 프로그램 등에서 극 전체를 혹은 부분적으로 무대에 올릴 수 있게 돕고 있다. 각각의 이야기 마당은 특정한 무대를 필요로 하지 않는다. 그래서 교회나 교실이나, 마을 주민회관이나, 야외무대 등 어디에서나 형편에 맞추어 극화될 수 있겠다. 헬퍼라이 극단은 어디든지 가서 그곳의 상황에 맞추어 극을 올릴 수 있다. 꼭 필요한 소품들은 극단에서 준비하여 가고 있다. 한 이야기 마당은 약 10-15분 정도 소요된다.

1 http://helfereitheater.ch/zwingli/(2019년 11월 1일 방문)

첫째 마당
- 그로스뮌스터 참사회 앞에서 츠빙글리가 민중사제로 지원하다.(1518)

(츠빙글리와 4명의 남자)

A 새 교황도 아무 것도 바꾸려하지 않아.

B 여성 안수 제도를 말하는 거야?

A 그래, 그것도 포함해서.

C 혹은 사제 결혼 허용문제를 말하는 것인가?

A 사실 나는 그것을 말한 것이었어. 이와 관련하여 감추어진 많은 이야기를 듣게 된다네.

C 그것은 언제든 바뀌지 않을텐데!

B 아마도 끊임없이 이 문제에 대해 말해야 될 듯 싶네. 말하고 또 말하고. 그러면 언젠가 갑자기 바뀔 수도 있겠지.

A 나는 그렇게 낙관적으로 보지 않네.

B 이미 이루어진 일들도 있지 않은가...

C 어디에서? 무엇이? 언제? 내가 모르던 사실이 있었나?

A 아니 자네가 놓친 것은 아무 것도 없지. 그러나 그 시작은 정말 이상하였었네...

그로스뮌스터에서 1518년 12월 참사회원들의 선출회의가 끝나갈 무렵. 후보자 츠빙글리가 1519년 1월 1일부터 그로스뮌스터 민중사제로 뽑히게 되어 있었다. 여러 질문이 시작되었고 참사회 의장은 선출의 마지막 단계를 진행하고 있었다.

참사회원 폰 슐테시스 마지막 질문을 츠빙글리에게 하겠습니다. 귀하는 그로스뮌스터 설교단에서 용병에 반대하여 설교하실 것입니까?

츠빙글리 예, 그렇게 할 생각입니다. 저는 더 이상 다른 것을 할 수 없습니다. 저는 이탈리아에서 너무 많은 것을 보았습니다. 용병은 돈을 벌게도 해주지만 동시에 망하게도 하는 것입니다. 노바라에서 사람들은 완전히 속았고, 마리냐노에서 그것이 더욱 분명해 졌습니다. 그것으로 충분합니다.

참사회원 호프만 저도 그렇게 생각합니다. 그로스뮌스터는 평화를 선포하는 장소가 되어야 한다고 봅니다. 우리 주님도 그것을 원하실 것입니다. 길드 연합이 지지해 주고 도움을 줄 것입니다. 확실합니다. 그들은 용병을 통한 연금 수령자들을 반대하고 있습니다.

참사회원 마우러 또한 시장도 도울 것입니다. 마르쿠스 뢰이스트 시장도 밀라노에 가 보았습니다. 그분도 츠빙글리 당신을 잘 알지요. 추기경도 당신을 원했지요. 그는 독일 남부 쉬바벤 사람을 뽑으라고 우리에게 권했어요. 그도 교황제에 반대한다고 말이지요.

참사회원 우팅거 당신의 소리가 하나님의 귀에 들렸나 봅니다. 츠빙글리 석사님! 에라스무스의 것도요. (모두 웃음) 저도 한번 질문해 봅시다. 아인지델른의 그 여인은 처녀 였던가요?

참사회원 폰 슐테시스 무슨 말을 하시는 거요, 우팅거? 어떤 여자? 츠빙글리 석사님과 그 여자가 무슨 관계가 있다는 말이요?

참사회원 호프만 모두 지원 서류들을 꼼꼼하게 보지 않으셨군요, 존경하는 동료 여러분! 그 안에 츠빙글리 자신이 고백하는 편지가 들어있었거든요.

츠빙글리 저는 아인지델른의 그 여인과 몇 번 관계를 가졌다고 고백하였습니다. 그 여인이 처녀는 아니었구요. 그렇다고 결혼한 부인도 아니었습니다. 그리고 시장님 댁의 식모도 아니었어요.

참사회원 우팅거 그럼 어떤 가능성이 더 남아 있나요?

(모두 숨을 죽이고 츠빙글리를 쳐다본다)

츠빙글리 이발사의 딸이었습니다.

참사회원 폰 슐테시스 이발사의 딸이었다구요?

참사회원 호프만 이발사의 딸...

참사회원 우팅거 이발사의 딸, 이발사의 딸... 그렇다면 츠빙글리 석사님...

참사회원 마우러 잠깐만요! 이 여자에 대해 우리가 여기서 말하는 것이 내 맘에 안드네요. 사람들이 이발사를 "불성실하며" 정조 없는 직업이라고 한다 하더래도 이발사의 딸을 단순히 "그 이발사의 딸"이라고 단정지을 것이 아니라, 존경심을 갖고 우리가 대하여 할 한 인간으로 보아야 한다고 생각합니다. 모든 딸들과 모든 부인들이 그런 대접을 받아야 하는 것과 마찬가지로 말이죠.

참사회원 우팅거 마우러 말이 맞아요. 그렇게 말해야만 합니다. 우리가 여성들에 대하여 그렇게 많이 알지 못한다고 하더라도 말입니다...아무튼 나는 마우러 말에 찬성입니다.

참사회원 호프만 저도요…

참사회원 폰 슐테시스 그럼 투표합시다.

참사회원 우팅거 예, 투표합시다.

참사회원 호프만 동의합니다.

츠빙글리 있었던 일을 부정할 수 없습니다. 저는 그렇게 하려고 하지도 않고 그렇게 해서도 안된다고 생각합니다. 저는 그 누구의 결혼생활을 침범한 것도 아닙니다. 그리고 별다른 일이 벌어진 것도 없습니다.

참사회원 우팅거 중요한 것은 츠빙글리씨, 귀하가 평화를 위한 일을 한다는 사실입니다. 부유한 사람들과 연금 수령 계약을 맺는 것을 끝장 내 버리는 것이지요.

참사회원 호프만 연대장 베르트뮐러를 우리는 꼭 정중하게 취임 예배 때 초청해야만 하겠습니다. 1월 1일 그도 교회에 앉아 있게 될텐데요. 그는 아주 강력한 권력을 지닌 사람입니다. 그리고 권력 가진 친구들도 많아요.

참사회원 마우러 츠빙글리도 권력 있는 친구들이 많지요. 시장도 "전장의 설교자"에 대해 아주 잘 말해 주었지요. 그가 츠빙글리 그대를 필요시에 잘 보호해 준다고 봅니다.

츠빙글리 저는 이미 잘 대처하고 있어요. 여러분들이 이해해 주셔서 고맙습니다. 그리고 함께 동참해 주셔서 감사합니다. 하나님은 여러분들의 자녀들이 멸망하기를 바라지 않으십니다. 여러분들은 사업을 위하여 그 젊은이들을 필요로 합니다. 여러분들은 이 도시를 위해 그 젊은이들이 필요합니다.

참사회원 호프만 바로 그 이야기를 칸톤 우리의 사람들과 루체른 사람들에게 하셔요. 그 사람들은 고집이 셉니다. 바로 그 때문에 그들의 아들들을 잃어야만 했었지요.

참사회원 폰 슐테시스 그러고도 또 다시 프랑스 사람들에게 종속되고자 하지요.

참사회원 호프만 그 사람들이 오스트리아 사람들보다 돈을 더 많이 주거든요. 그리고 이탈리아 사람들보다도 더 많이요!

츠빙글리 돈과 망하는 것!

참사회원 우팅거 연대장 베르트뮐러는 돈과 복지를 말하지요. 그는 프랑스 사람들을 위해 용병을 나갑니다. 그도 우리 가운데 한 사람이죠! 그리고 그는 우리편을 겨냥하게 만드는 것입니다.

참사회원 폰 슐테시스 조용히들 해 보시오. 우리는 아직 선출을 끝내지 않았소. 츠빙글리를 그로스뮌스터의 민중사제로 임명하려고 하는 사람은 자리에서 일어서 보시오.

(약간의 망설임이 있던 후에 다른 사람들도 일어서려는 움직임을 보이자 참사회원 가운데 분명하게 다수의 사람들이 자리에서 일어섰다.)

참사회원 폰 슐테시스 하나님의 은총이 츠빙글리 그대에게 함께 하시기를! 그대가 이제 선출되었습니다.

(참사회원 퇴장 후 우팅거가 츠빙글리에게 다가왔다.)

참사회원 우팅거 그대는 아인지델른에서 운이 좋았소. 여기서도 계속 그렇게 되기를 바라겠소. 이제는 이성과 용기를 찾으셔야 겠소. 하나님이 함께 하시기를 빌겠소, 츠빙글리!

츠빙글리 하나님이 우리와 함께 하십니다. 참사회원님…

둘째 마당
- 흑사병에 걸린 츠빙글리 - 흑사병의 노래(1520)

(4명의 여자와 1명의 남자)

A 우리는 확실한 삶을 살 수 있다는 것이 무엇을 뜻하는지 전혀 알지 못한다네.

B 그래 자네 말이 맞네. 도대체 어떻게 살아야 할른지!

C 왜 그렇게 말하는가?

A 나는 난민촌에 대한 기사를 읽었네. 그곳에서 질병이 어떻게 어느 날 갑자기 퍼지는지 말이지...그리고 그에 맞설 방도가 없다는 것이야.

D 정말 끔찍한 일이군!

E 더군다나 그렇게 살아야한다는 것은 정말 잔혹한 일이지.

C 백 여년전 1차 세계대전 말기 창궐했던 스페인 감기는 전 유럽을 덮쳤고 수천명의 사람들을 사망에 이르게 했었지. 그것은 정말이지 중세기 흑사병에 비견될 만한 것이었네.

D 분명히 아침에 건강하게 눈을 떴는데 저녁때에는 사망하게 될 수도 있었을 만큼 병이 빨리 확산 되었지.

C ‘사람들이 그러한 질병에서 벗어나지 못한다는 것을 의식하게 되기까지에는’ 꽤 오랜 시간이 필요했던 것이지.

E 그럼 그 당시 할 수 있었던 일은 뭐였던가?

C 기도하는 것-그 일 외에 뭐가 더 있을 수 있었겠나? 그리고는 모든 힘을 다해서 삶을 이어나가는 것 아니었겠나!

A 소수의 사람들만이 살아남았네. 취리히에서 막 개혁을 시작했던 츠빙글리도 또한 거의 죽다 살아났었지. 그 때 그가 지은 “흑사병의 노래”가 우리에게 알려져 있지 않은가.

E 그곳에서 츠빙글리가 안나 라인하르트를 처음 만나게 되었다고 했지.

D 그녀는 다른 여인들과 함께 그곳에서 병자들을 치료했었다네.

B 사람들이 그곳에서 봉사하는 일을 하다 전염되어 목숨을 잃은 경우도 꽤 있었다고 하네.

(흑사병에 걸린 환자들이 누워있고 침대보에 둘러싸여 있다.) 그들 가운데 (앞줄 오른편에) 한 명이 츠빙글리이다. 그는 흑사병의 노래를 부르고 있다. 때로는 좀 큰 소리로, 그리고는 다시 나지막한 소리로. 이 노래 가사가 벽에 투사된다. (앞쪽 오른편에) 한 여인도 이 노래를 나지막히 부른다(스위스 개신교 찬송가 713장) 여인들이 들어오고 나가고 하면서 마실 것을 가져오고, 환자들이 돌아 누으려는 것을 돕고, 죽어가는 사람들과 함께 기도하며 죽은 사람들을 치운다. 그리고 이야기를 이어간다.

츠빙글리 도와주세요, 주 하나님, 도와주세요.

이 고통에서!

죽음이

문 앞에 있습니다.

그리스도여, 죽음과 싸워주세요.

당신은 죽음을 이기셨잖아요.

당신을 향해 부르짖습니다.

죽음이 당신의 뜻이라면,

저를 파괴하는 이 죽음의 화살을 빼주세요.

이 치명적인 화살은 저에게 단 한 시간의

평안도 안식도 주지 않습니다.

내가 이렇게 한참 살아야 하는 날에

당신은 내가 죽기를 원하시는지요.

당신이 원하시면

저는 기꺼이 받아들이겠습니다.

아무것도 거부하지 않겠습니다. (롬 9:21-22)

저는 당신의 그릇입니다.

저를 다시 세워 놓으시거나 깨트려 버리십시오.

만약에 당신이
내 영혼을
이 땅에서 거두어 가신다면,
내 영혼이 더 망가지지 않도록,
그리고 다른 사람들이 당신의 공의로운 섭리를 더럽히지 않도록
그렇게 해 주십시오.[2]

안나 츠빙글리에게 가보세요. 임종이 가까운 듯 소리가 커져가는데요. 목사님, 물이요! 기도해 주시는 것이 항상 도움되죠.

베레나 여기 또 이것도요. (빵 한조각을 건네면서). 안나에게, 그는 좀 어떤가요?

안나 어려워 보여요. 숨쉬는 것이 또 힘들어진 듯해요...

베레나 당신은 츠빙글리를 각별히 살피고 좋아했는데!

안나 뭐 그런 소리를 하세요?

베레나 한 여인의 눈길과 감정이란 속일 수 없지요, 안나 라인하르트! 그러나 나만 아는 비밀로 할게요.

---

2 훌트라이히 츠빙글리/임걸역. 『츠빙글리 저작선집 I』 (서울: 연세대학교출판문화원, 2014, 37-40)

츠빙글리 그녀가 뭐라했나요? 당신에 대해 뭐라 한건가요?

안나 신경쓰지 마세요. 베레나는 말이 많아요. 하루가 길면 더 그렇죠.

츠빙글리 내 시간은 얼마 남지 않은 거죠, 그렇죠?

안나 "언제나 포기하지 말아야 합니다. 사랑의 하나님은 다른 시간 감각을 갖고 계시지요" 목사님이 지난 주 일요일에 이렇게 말씀하셨어요. (미소를 지으며 그를 바라본다)

츠빙글리 그런데 그는 이제 여기 누워있고 하나님을 원망하고 있네요...

베레나 말씀하시는 것이 듣기 좋네요. 츠빙글리 민중사제님, 어제 그레델의 말을 들어 주셨어야 했을텐데요. 그가 어제 저녁 숨을 거두기 전에 몇가지 해명할 것이 있었어요.

베르타 (바깥에서 들어오면서) 오늘은 어땠나요?

로스비트 14명이 숨졌어요. 지금까지, 시체는 모두 치웠어요. 그렇게해야 전염이 되지 않아서요.

베르타 그러면 이 사람들은요?

로스비트 두 사람에게는 뭔가를 좀 주려하고요. 다른 사람들은 바로 저리로 가야 할 듯 해요.

베르타 그렇게 말하지 말아요. 내일은 당신이 아마 그렇게 될 수도 있어요.

로스비트 그리고? 그것이 오늘 우리의 삶의 모습이네요. 누가 우리의 시간을 알 수 있을까요, 우리가 얼마나 더 살 수 있을지요? 예전에 우리의 삶은 더 안전했어요.

베르타 아 뭐, 단순히 변화되는 것이 있는 것 뿐이죠. 유아 사망, 기아, 전쟁, 흑사병, 리맛 강가의 지하실...사랑의 하나님은 상상력이 풍부하시죠. 그래서 우리를 벌하시는 방법도 다양합니다. 다른 곳에서 상황은 더 심각합니다. 샤프하우젠에서는 도시인의 반이 저 세상으로 갔다는 군요...

베레나 라인강 유역, 쉬바벤란드 지역도 마찬가지라지요. 그곳에서 사람들이 벌 받을 일들을 더 많이 했는가봐요.

로스비트 아, 하나님 맙소사, 그건 낡은 신앙이죠! 우리는 구원받았어요. 우리 모두가 악으로부터 해방된 것입니다. 우리가 설령 죽을 지라도 말이지요...그로스뮌스터 교회에서 그렇게 설교했어요.

베레나 로스비트, 잘 경청해 들었네요. 신실한 신앙인이네요!

로스비트 조심하세요. 그렇지 않다면 저에게 물들겁니다.

베레나 이미 그렇게 된거에요?

로스비트 아마도요. 내가 설령 죽는다해도 저는 구원받은 채 죽는 거죠.

츠빙글리 위로하소서, 주님이시여, 위로하소서!

도와주세요 주 하나님, 도와주세요!
나의 병이 점점 심해지고 있습니다.
참을 수 없는 고통과 압박이
제 영혼과 몸을 옥죄어오고 있습니다.
나의 유일한 도움이신 하나님,
은혜를 베푸사 저에게 오세요.
당신의 은혜는
오직 당신에게 간절한 소망과 희망을 두는 사람들과
이 세상의 이익과 손해에 초연한 사람들을
인생의 사슬에서 반드시 자유롭게 하십니다.

이제 마지막이 가까 왔습니다.
내 혀는 굳어졌고
더 이상 한 마디 말도 할 수 없습니다.
제 감각은 완전히 굳어 버렸습니다. (시 102:5)

이제 당신이 저를 위해서 계속해서 싸울
시간이 되었습니다.
저는 더 이상
발악하는 악마와 사악한 그의 공격에
버틸 수 있는 힘이
하나도 없습니다.
그러나 항상 그렇게 악마가 날뛸지라도,
제 영혼은 당신 말을 믿겠습니다.[3]

안나 나는 그에게 갈 것입니다. 그는 우리가 필요해요.

베레나 당신이요. 안나, 당신이요!!

베르타 그렇게 생각하세요?

베레나 난 아무 말도 않했어요…

베르타 그는 아인지델른에서도 순결의 모범을 보이지 않았던 듯 한데요.

로스비트 우리는 이제 새로운 시대를 사는 것입니다. 여성들이요. 이제 새로운 원칙이 필요하지요!

---

3 훌트라이히 츠빙글리/임걸역. 『츠빙글리 저작선집 I』 (서울: 연세대학교출판문화원, 2014), 37-40.

베르타 그런 것에 대해 아직 저는 들어본 바가 없는데요!

베레나 귀를 열고 눈을 크게 뜨고…

안나 (다시 여인들에게 가서) 내 생각에 그가 조금 회복되는 듯 해 보여요… 보세요!

로스비트 그의 움직임이 정말 달라보이네요

베레나 예, 조금 더 자연스러워요. 그렇게 말할 수 있겠어요!

로스비트 아, 수녀님, 아마 당신도 언젠가 이해할 수 있을거에요…

베레나 내가 뭘 이해하여야만 하죠? 회복하는 모든 사람들로 인해 기뻐요. 그가 목사이기 때문에 당신들은 더더욱 기뻐하는 것 아닌가요, 그렇지 않은가요?

베르타 저는 살아남는 모든 사람들 때문에 기쁘고 좋아요. 흑사병은 하나님의 엄중한 벌입니다!

로스비트 또 그러시네요! 우리 모두는 어디서 그런 질병이 생겨나는지 모릅니다. 우리가 아는 것은 단지 우리가 서로 전염시킨다는 것입니다. 그게 우리가 하는 일입니다.

안나 보세요. 츠빙글리가 일어서네요. 정말 하나님께 감사하고 다행입니다.
일찌감치 나갈 수 있게 되어서요…

츠빙글리 건강하게 되었어요. 하나님, 건강해요!
저를 회복시켜 주십시오. 주 하나님, 저를 회복시켜 주십시오.
제가 다치지 않고 돌아왔습니다.
그렇습니다. 만약 당신이
이 땅에 있는 저를 죄의 불꽃이 더 이상 사로잡지 못할 것이라고
믿으실 때
내 입술은
항상 그렇듯이
순수하고 숨김없이
당신을 향한 찬양과 당신의 가르침을
그 어느 때보다도 더 많이
선포할 것입니다.
아마도
죽음의 형벌이
그 언젠가 나에게 닥칠 것이지만
아마도 지금보다
더 심한 고통을
겪을 것이지만 그 때는 지금보다 더 잘 생을 마감할 것입니다.

왜냐하면 지금 저는
이미 죽은 몸이기 때문입니다.
그렇기 때문에 저는
이 세상의
폭압과 폭력에 맞서서 그 어떤 두려움도 없이
천국에서 받을 상을 바라보면서
당신의 도움만을 의지하여 (롬 8:18)
참을 것입니다.
당신이 안 계시면 아무것도 완전할 수 없습니다. (요 15:5; 빌 2:13)[4]

안나 (다시 츠빙글리에게 와서) 정말 무엇인가 일어났네요! 점점 좋아지시는 거죠, 그렇죠?

츠빙글리 예, 다리에 감각이 돌아왔어요. 정말, 살아 있네요.

안나 다시 살아있다고 해야겠지요!

베레나 목사님이 해냈어요!

베르타 기도가 도움이 되었어요.

---

4 훌트라이히 츠빙글리/임걸역. 『츠빙글리 저작선집 I』 (서울: 연세대학교출판문화원, 2014, 37-40)

츠빙글리 절규한 것때문에 저를 구해 주셨나봐요.

베르타 그가 구원을 입었어요. (뒤에서 깊은 한숨을 쉬면서) 지금 가요!

로스비트 우리가 쓰임새 있는 일을 하게 되었네요!

베레나 우리는 항상 쓸모있었죠, 문제가 심각해지면 우리 여자들이 항상 더 필요해요.

안나 여자들이 있으면, 듬직하죠!

베레나 새로운 시대에도 역시 그럴른지? 로스비트가 그건 알거에요…

안나 (츠빙글리에게) 물을 조금 더 마시세요. 그게 도움되요.

츠빙글리 가장 도움이 되는 것은 그대의 미소라오, 안나!

셋째 마당
– 시장에서의 대화 –"이제 우리는 자유다!"

(4명의 여자와 한명의 남자)

A 최근에 나는 종교개혁에 대한 아주 좋은 표현을 듣게 되었네. "처음에 소시지가 있었다!"

B 소시지를 먹었다는 그 유명한 사건 말인가.

C 거기에서 특별한 것이 무엇이었나?

D 한번 생각해 보겠나. 오늘날 이슬람의 라마단 시기에 이슬람 교도들이 점심 때 돼지고기를 구워서 포도주 혹은 맥주와 함께 먹었다면 무슨 일이 벌어질지 말일세!

E 수세기 동안 그리스도인들은 사순절 기간 동안에 고기를 먹지 않았다네. 더군다나 성금요일에는 말할 것도 없었지. 그리고 돼지고기는 더욱 삼가해야 되는 것이었네. 이것은 교회와 교인들 사이에서 지켜오던 성스러운 전통이며 그 당시에 가장 중요한 규범이었다네.

B 금식기간 중에 소시지를 먹었다는 것은 일종의 데모와도 같은 것이었어! 전혀 성서적이지 않은 낡은 전통을 부수어 버린 것이었네. 그리고 그 전통은 올바른 신앙생활에 도움을 주는 것도 아니었고!

A 우리는 "좋은" 그리스도인들이 되기 위해서 무엇을 해야 한다고 우리에게 규정을 말하는 그 누군가를 필요로 하지 않네. 우리는 우리 스스로 생각할 힘이 있고 하나님의 뜻이 무엇인지 읽을 수 있는 것이니까 말이네...

C "스스로 생각하는 개혁교도!" 이 표현이 몇 년전에 스위스에 슬로건으로 사용된 적이 있었지.

D 그래 맞아, 나도 생각나네!

E 그러나 생각해 보게. 스스로 생각한다는 것도 그 댓가를 지불해야 하는 것일세!

(1523년 고난주간에 새로운 장터에서 인근 각처의 농부들이 그들의 물건을 내다 팔고 있다. 도시의 남자들과 여자들은 생필품을 사기 위해 장을 보러

나왔다. 몇 명은 모여서 수다를 떨기도 하고 다른 사람들은 계속 지나쳐 가는데, 곧이어 서로 아는 사람들을 다시 만나기도 한다…)

루이제 랑 헤이, 프로샤우워, 기다리게! 여기서 만나다니 잘 되었네. 근데 그 말이 사실인가?

크리스토프 프로샤우워 루이제, 무슨 소리를 하는 건가?

루이제 랑 바보 취급하지 말게! 나는 자네의 그 소시지 사건 이야기를 하는 걸세! 고난주간에 그걸 도대체 어디서 구했는가?

크리스토프 프로샤우워 아브라함에게서

베아테 스탬플리 (스탬플리가 마침 들어서다가 이 이야기를 들었다.) 오버란드의 그 도축업자가 유대인이라네요!

루이제 랑 프로샤우어는 소시지를 그 유대인에게서 샀다는데요. 그 소시지를 죄없는 기독교인에게 건네 주어서 금식기간 동안 먹게 해서…! 그래서 성서의 율법을 어기게 되었어요.

안나 봐이드만 (이 소리를 들었다) 그래서요! 새로운 시대가 열렸어요! 랑씨 부인이 이 소식을 아직 몰랐다구요. 평소에 뭐든지 빨리 알았으면서도요. 오래된 성탄 노래 중에 이런 가사가 있지요…"우리를 위한 시간이 임박했네…"

루이제 랑 봐이드만 부인, 조심하셔요. 아직 이해하지도 못하는 일에 끼여들지 마세요…

안나 봐이드만 누가 여기서 이해하지 못한다구요, 누가요…? 뮌스터의 목사님에게 가 보셔요. 그러면 정말 중요한 것이 무엇인지 배우게 될 겁니다!

리나 뤼플리 (뤼플리도 끼어든다) …이전에 사이비 사제들이 진리라고 팔아먹은 것 말고 성서에 진정으로 쓰여져 있는 말씀이 중요하죠. 츠빙글리는 훌륭해요, 정말 좋은 분이세요.

베아테 스탬플리 그런데 그는 경건한 무리가 많이 있고 전통이 살아있는 아인지델른에서 왔단 말입니다!

루이제 랑 그러나 그는 금식 규정을 위반하고 금식기간 중에 소시지를 먹었습니다!

크리스토프 프로샤우워 그는 그 자리에 단순히 같이 있었지, 먹지는 않았습니다.

베아테 스탬플리 그런 행동은 자연스런 것입니다. 츠빙글리는 그렇게 행동하지 않을 수 없었을 것입니다.

크리스토프 프로샤우워 당연히 그는 다른 방도를 갖고 있을 수 있죠. 그리고 그 이상이죠!

루이제 랑 츠빙글리는 사제인데도 여자와 관계했다면서요.

안나 봐이드만 츠빙글리는 더 이상 사제가 아닙니다. 이제 끝난 것입니다. 시의회의 논쟁에서 이렇게 말했지요. 이제 우리는 새롭게 살아갈 수 있습니다.

크리스토프 프로샤우워 새로운 시대, 새로운 예법, 새로운 예법과 새로운 삶! 성서에서는 우리가 금식해야 한다고 요구하고 있지 않습니다. 읽어보십시오. 인쇄된 성서를 저 골목의 제 집에서 받아가실 수 있습니다.

루이제 랑 금식기간에 유대인에게서 소시지를 샀다니요! 그건 죄예요!

베아테 스탬플리 루이제, 조심하셔요. 죄라는 것이 그렇게 단순한 것이 아니에요.

루이제 랑 (흥분해서 주변을 돌아보며) 츠빙글리가 그대들에게 자신의 의견을 주입했네요. 마치 사람들이 고양이 대하듯 말입니다. 당신들은 그 함정에 빠져드는 것입니다. 당신들은 그를 손안에서 내쳐야 해요. 당신들이 곧 벌받을 것입니다. (분노에 차서 퇴장한다. 바구니를 허리 춤에 치켜든다.)

안나 봐이드만 내 남편이 미리 예견했었죠. 새로운 신앙 때문에 집안에 분란이 생길 것이라구요. 누가 옳게 예수를 이해하고 있는지 누가 예수를 잘못 이해하고 있는지 때문에 머리 터지게 싸우게 될 것이라구요.

리나 뤼플리 머리통을 치고 받아야 한다면 차라리 올바른 예수를 위해 그러는 편이 좋죠. 낯선 주인을 섬기는 것보다요.

크리스토프 프로샤우워 리나 말이 맞아요. 우리 스스로 생각하는 것에 이제 익숙해져야 합니다. 설교단에서 내려다보며 말하는 것은 우리에게 적합하지 않습니다. 그렇게 해서도 안되구요.

베아테 스탬플리 우리의 사유를 자유롭게 해 주었다고 저는 어제 츠빙글리에게 감사 인사 전했습니다.

안나 봐이드만 프로샤우워 씨, 내년에요 우리 모두를 성금요일에 소시지 먹도록 초청해 주셔요. 그리고 츠빙글리와 그의 부인 안나와 기쁘게 소시지를 먹어보죠...

리나 뤼플리 그러면 후일에 이렇게 말하겠지요. 맨 처음에 소시지가 있었다.…

이야기 넷째 마당
–논쟁의 실행 (1524)

(3명의 남자와 한명의 여자)

A 엊그제 나는 아인지델른 수도원에 다시 갔었거든. 정말 장관이었네!

B 상갈렌의 시 도서관처럼 화려하지. 얼마나 많은 돈이 들어갔는지! 이제는 공공사회가 그것을 유지해야만 하겠지.

C 그래서 교회세가 필요한 것 아니겠는가!

D 그러나 단지 건물 외형적인 것에만 돈이 들어가고 있지. 그 안에 들어있는 내부적인 것에 해당되는 것은 아니지!

B 개혁교회 유지는 비용이 덜 들겠지. 개혁교회들은 대부분 내부가 비어있으니 말일세.

C 오래전부터 그랬던 것이 아니라 종교개혁 시기부터 그렇게 된 것이지. 그 때부터 교회 내부에 장식을 간소화한 것이지. 여러 곳에서 아주 소란스러운 일이 벌어졌고 심지어 폭력이 동원되어 그렇게 되기도 했지. 성상, 성화, 커튼, 등불 등을 떼어내느라 파괴적 완력과 도구가 사용되기도 했어.

A 수년 전에 베른에서는 뮌스터 앞 광장의 감추어진 장소에 몇 개의 성상들이 훼손되지 않은 채로 발견되었다네.

D 그것은 종교개혁 이전까지 지켜져 왔던 하찮은 일들이었지!

A 그러한 것들은 정말이지 필요한 것이 아니었어. 이 성화들, 성상들, 천 조각 그리고...

B 어떤 사람들은 그런 것이 모두 필요하다네. 그것들을 앞에 두고서야 묵상을 할 수 있거든!

C 예를 들면 마리아의 얼굴 부분, 으음!

B 자네가 지금 생각하는 그런 것은 아니고. 오히려 자신의 내면 안으로 파고 들어가고 자신의 영혼 속으로 떠오르는 것이지.

C 오호라, 웬일인가 자네? 바로 괜찮아지는 것인가? 그리스도교 신앙은 인간을 위하여, 또한 공공성을 위하여 존재하네. 그것은 자신의 영혼만의 안녕을 위한 것이 아닐세.

D 평화와 정의가 중요하지. 약자와 가난한 자, 주변에 머무는 사람들과 소외된 자들 모두를 위한...

A 나는 개혁교도들이 이성적인 것이 정말 좋다네!

(시장 집에서 길드 장인 게스너, 길드 장인 퓌슬리와 그의 부인 게르트루트)

시장 사랑하는 친구들과 동료 여러분, 게르트루트 부인도 이제 여기에 속하게 되었는데요. 우리는 이제 새로운 시대를 살아가고 있습니다. 이제 저는 예전에 사제였던 사람도 저의 가까운 동지로서 부른 것입니다. 왜냐하면 우리가 이제 지난 가을 논쟁을 통해 결정한 사항을 실행에 옮기려 하기 때문입니다. 그러나 엊그제 마르쿠스 로이스트의 직무를 위임받기까지 남겨두어야만 했던 것 말입니다. 하나님이 이러한 계획을 축복해 주시기 빕니다. 교회의 정화, 즉 우상... 아니, 우리가 하나님의 말씀에 집중하게 하는 것을 방해하는 성화와 다른 것들을 치워야 합니다. 지난 가을에 여러분은 분명히 다수가 가능한 빨리 변화를 가져와야만 한다고 결정했습니다. 설령 그것이 아름답게 그려지고 조각되었고 비단 보자기로 휘감아진 마리아 상으로 만들어 졌다하더래도 성상과 나무 조각 성화를 어서 치워야한다고 말입니다. 우리는 모든 소요를 피하도록 하겠지만 분노를 표출하도록 도울 것입니다. 그리고 우리는 격식을 갖추어 그것을 떼어놓고 안전한 다른 장소로 옮기려 합니다.

퓌슬리 잘라버리거나 태워버리면 더 좋지 않을까요, 그러면 아무도 더 이상...

게르트루트 그러면 소요가 일어날 수 있을지 몰라요. 베르너, 그건 시장이 원하는 방법이 아니지요.

시장 베르너, 그대는 참으로 현명한 아내를 두었네그려. 그녀의 말을 새겨 듣게나. 다른 일에도 말이지! 그러면 늘 유익할걸세. 자, 이렇게 해 봅시다. 모든 길드에서 12명의 특별한 사람들을 준비하자구요. 모든 길드에서 그 정도는 찾을 수 있겠지요. 그리고는 이 사람들을 주요한 네 개의 교회로 보내서 이 일을 수행하게 하는 거죠. 필요한 연장은 각자 준비해야 합니다.

게스너 그러면 우리는 이 "성화와 목재 성상"들을 어디로 가져가야 하나요?

시장 안전문제로 임시로 그 장소를 말하지는 않겠습니다. 다음 월요일 저녁에 여러분들에게 그 장소를 알려드리겠어요. 그리고는 화요일에 시작하시면 됩니다. 그러나 그 이전 일요일에 츠빙글리와 그의 동료들은 이런 정화작업이 있다는 것을 공식적으로 말할 것입니다. 이미 많은 사람들이 알고 있지요. 몇 주전에 약 900명의 남자들이 이에 대항했고 결의했습니다. 그러나 그들의 부인들도 우리가 무엇을 하려는지 공식적으로 알아야 합니다. 도시의 모든 여성들이 게르트루트와 같이 반응하도록 여러분은 그 일을 위해서도 염려해 주셔야 하겠습니다. 당연히 민중들 가운데에는 동요가 일어나기도 하고요. 어떤 사람들은 반 나체 동자상을 너무 좋아해서 눈을 떼지 못하기도 합니다. 그러나 이제 그 모든 것과 작별을 고해야 합니다. 하나님의 말씀은 중재자를 필요로 하지 않습니다. 누구나 하나님이 우리 모두에게 말씀하시는 것을 직접 들을 수 있습니다.

게르트루트 우리 모두가요!

시장 예, 모두요! 아마 그 이상일 것입니다. 그녀는 낮에 시간을 더 많이 낼 수 있겠죠? 질문 있나요?

퓌슬리 우리가 논쟁에서 결의한 것은 그 외에도 더 많죠. 우리는 미사도 철폐한다고 했어요. 시장님, 그런데 그걸 어떻게 실행에 옮기죠? 시장님, 이 일에도 "관여하시나요"? 이것은 오히려 사이비 사제의 일이 아닐까요?

시장 츠빙글리가 말한 것이 옳아요. 그는 새로운 신앙이란 도시민 전체의 일이라고 보았어요. 예, 그것은 기독교 공동체 전체의 문제이며 모든 스위스 국민에게 해당되는 것이죠. 떡과 포도주에서의 미신적 요소를 배제한 새로운 예배 형태도 이에 포함됩니다. 그리고 그것은 우리가 해내야 할 일입니다.

게르트루트 … 그리고 부인들도!

퓌슬리 어떻게 해야 하죠, 어찌해야?

게르트루트 울리히 츠빙글리가 레오 유드와 함께 새로운 예배 예식을 만들었구요, 교회에서 교인들에게 일요일에 소개할 것입니다.

퓌슬리 게르트루트는 어떻게 나보다 먼저 그 일을 알게 되었나요?

게르트루트 우리는 이제 새로운 시대에 살고 있는데, 그대 남성들은 우리 여성들이 스스로 생각하고, 그 생각을 교류할 수 있다는 것을 명심해야 할 것입니다. 그리고 말이죠. 저는 제 친구인 안나 라인하르트, 곧 츠빙글리 부인이 될 안나에게서 들었답니다.

퓌슬리 이렇게 계속 진행된다면, 나는 다음 번 논쟁 회의에서 달리 투표할 수밖에 없을 듯하네...

게스너 퉤르너! 당신들 가운데 누군가가 그렇게 생각한다면 기뻐하시게... 교회에서 중요한 사안을 목사에게만 맡기지 않는다는 것이 교회를 위해서도 좋은 것이지.

시장 그래요. 우리는 일요일에 예배를 새로 드리려고 하구요. 시의회는 이렇게 계속 추진해도 될지 결정할 것입니다.

퓌슬리 그리고 존경해 마지않는 주교의 직분은? 지금까지는 그가 아래로부터 제안된 사안을 승인하거나 거부하였는데요.

게스너 우리가 주교입니다. 존경하는 동료시여! 예전 시장이 이미 회의에서 분명하게 말했어요. 새로운 신앙을 가진 사람들의 가장 최고 의결권은 그들 자신이라고 말이죠. 민의를 반영하는 국민의회에서 결정권을 갖게 됩니다. 시의회는 그리고 그 민중을 대리하는 역할을 맡게 됩니다.

시장 길드 장인 게스너 당신이 마치 시장인 것처럼 말하는구려. 그러나 누가 알겠소. 콘스탄츠의 예전 주교는 첫 번 논쟁회의로의 초대에 그가 어떻게 응답해야 될지 전혀 알지 못했소. 그리고는 그가 요한 파버를 보냈지. 그의 대리자로서 말이요. 그러나 당신들도 알다시피 그는 작년 1월 갑자기 물러났지요. 츠빙글리가 그의 67 명제를 나누어주고 우리가 그 명제들을 논쟁의 기초로 삼았을 때 말이요.

게스너 좋아요, 시장님, 그것에 대해 말하는 것은요. 왜냐하면 우리가 진지하게 생각해 봐야 할 것이기 때문입니다. 어떻게하면 시 정부가 이러한 명제를 언제, 어디서든지 유효하게 만들겠습니까?
이것이 논쟁적 회의를 하고 난 이후에 우리에게 부여된 책임입니다. (한 문서를 들고 읽어내려간다) 예를 들면 "복음은 우리의 주 예수 그리스도가 참 하나님의 아들이며 그 아버지 하나님의 의지를 드러내셨고 순결 무구한 그분의 죽음으로 우리를 구원하셨으며 우리를 하나님과 화해하게 하셨습니다." 복음서와 바울 서신에서 중요한 것은 예수 그리스도에 대한 것입니다. 하나님의 다른 계시는 없는 것입니다.
"하나님께 영광을 돌리며, 기독교 공동체의 안녕을 도모하며, (모두! 연방의 모든 사람들 안에서) 그리고 양심을 위로하도록 신적인 진리를 가르치는 것이 중요합니다."

퓌슬리 혹은 이것이(마찬가지로 읽어 내려간다.) "가능한 한 하나님의 정의에 가까이 갈 수 있는 규칙을 세우도록 시 정부가 있는 것이다"

시장 여러분들이 그 내용을 적절히 상응시켜 잘 적용했네요. 동지들! 예, 그것이 정확히 우리의 과제입니다. 도시의 의회가 우리의 교회를 자유롭게 하고 하나님 뜻에 따라 움직이며 표현할 수 있도록 살피는 것입니다. 그리고 믿는 사람들은 하나님과 그 도시 앞에서의 자유와 책임 가운데 그들의 새로운 신앙을 펼쳐나갈 수 있는 것이지요.

게르트루트 도시 뿐 아니라 시골도요, 시장님!

시장 아 어쨌거나 필요하다면 농촌에서도요.

게르트루트 어제 나는 츠빙글리의 새로운 글을 또 읽게 되었어요. "그래서 억눌림 없이 기쁜 신앙을 설교하여야만 합니다. 그래서 그것을 기반으로 그 위에 법령을 세울 수 있게 되는 것이지요. 하나님을 사랑하는 이에게 그 법령은 복음이 되는 것입니다. 믿는 사람은 사랑으로 그 법들을 지켜나가는 것입니다." 이러한 문장에 대해서 우리는 공적으로 서로 이야기 할 수 있어야만 해요. 루터가 말한 것처럼 먼저 율법, 그 다음에 복음이 아니라 우리의 츠빙글리가 말한 것처럼 먼저 복음, 그 다음에 율법입니다.

퓌슬리 그것도 또 안나한테서 들은 것인가요?

게르트루트 프로샤우워가 갓 인쇄해 낸 책자에서 읽었지요!

게스너 우리가 여기서 이야기한 것을 대의회에서 알려야 합니다. 가급적이면 아주 빨리 말입니다. 그렇게해서 우리는 조용하고도 질서 있게 다음 단계로 나아갈 수 있도록 말이죠. 이것을 우리는 공식적으로 실행해야 합니다. 도시와 농촌의 모든 곳에서 말이죠.

시장 자네 말이 또 맞았네. 우리는 이 길을 가기 위해 사람들을 모아야하지. 그렇지 않으면 평화를 추구하는 교회에서 싸움이 날 걸세!

이야기 다섯째 마당-빈민구제 제도의 도입-거지들의 대화 (1525)

(3명의 여자와 한명의 남자)

A 나이드신 자선가들이 모두 돌아가시게 된다면 한 도시가 이후 어떻게 유지될 수 있을 것인가?

B 한 도시의 모든 좋은 정신과 열린 마음

C 그들의 행동 가운데 믿음을 가졌고, 그들과 견해를 같이하지 않는 사람들도 존경심을 갖고 대하였던 모든 사람들

D 그대들의 생각은 어떠하며 무엇 때문에 서글퍼하는가-세상은 그렇게 멸망하지 않을 것이네. 새로운 것이 등장할 것이고, 항상 그래왔었지.

A 누가 이어받아야만 하는가? 우리 가운데 누가 가난한 사람들과 배척받은 이들을 살필 것인가?

B 아마도 자네 말이 맞을 수도 있네-예전에도 약자를 살피었던 남자들이 늘 있었지

C 그리고 여자들도 있었고!

D 한번 둘러보고 살펴 보게나-그러면 그러한 사람들을 발견할 것이네. 아무도 그 존재를 몰랐다 하더라도 말일세!

B 16세기 취리히에는 빈민 구제를 위한 성문화된 법이 있었습니다.

C 사회 안에서 지켜야 할 도덕 강령도 있었구요!

A 당시에 취리히는 인구 9000명의 소도시 였으나 이러한 것들이 당연히 필요했던 듯 싶습니다. 흑사병이 돌고 난 뒤에는 인구가 더 줄었었지요.

B 츠빙글리는 가난한 사람들을 체계적으로 돕기 위하여 시의회의 동의를 아주 빨리 얻을 수 있었습니다.

C 가난한 사람의 삶을 살피는 것이 바로 공동체를 위한 기본 윤리인 것이지요!

A 정말 맞는 말씀이네요. 빨리 받아 적어야 겠어요!

D 정말 옳은 말이에요. 약한 사람들이 그 공동체에 속할 수 있는지, 아니면 빨리 쫓아내고 싶은지에서 금방 드러나게 되지요.

C 예를 들어 낯선 사람, 혹은 피난을 가야 하는 사람들 말입니다.

B 종교개혁 당시에 그러한 사람들이 거리에서 단순히 굶어죽지 않거나 그런 사람들이 도둑질하지 않도록 하는 것이 중요했습니다...

(골목에 거지 알로이스가 바닥에 앉아 있다. 돈을 구걸하기 위해 그 앞에 모자를 거꾸로 뒤집어 놓았다.)

카타리나 (뛰어 들어오면서 골목 어귀에 거지 알로이스가 구걸하는 것을 본다) 이제 구걸하는 것은 끝내게 됐어요. 형제님! 구걸 금지입니다. 시의회가 그렇게 발표 했어요. 이리 오셔요!

알로이스 난 상관없소! 내가 여기 앉아 있지 않소. 난 여기 있을테요. 살아 있는 채로 날 실어 나르던지, 아니면 나 죽거든 하든지.

카타리나 알로이스! 그러지 마세요. 여기 머무실 수 없어요. 이제 법규를 담당하는 경찰이 생겼어요. 그 사람들이 당신을 쫓아낼 겁니다. 가난한 사람을 돌보는 사회보호사라고 부르는 사람들이에요.

알로이스 마음대로 하라지. 난 상관없대도!

카타리나 또 고집 부리시네요. 제가 당신을 모를 줄 알구요... 그러지 마시고 이제 오세요. 프레디거 광장으로 갑시다.

알로이스 거기에서 돈이라도 나누어 준답디까?

카타리나 어서 오세요. 보여줄 게 있어요.

알로이스 아니면 어디 잠자리라도 있나요?

카타리나 당신과 절대 그럴 일 없죠. 이런 술주정뱅이 같으니라구.. 점심 전인데 벌써 이 심한 술 냄새하고는!

알로이스 너는 아주 못생긴 여편네야!

카타리나 당신은 잘 낫고 나는 못생겼어요. 됬죠!

알로이스 그런데 우리가 서로 다른 점이 뭔지 아시오? 나는 내일 다시 이성을 되찾을 것이요. (웃으면서, 주춤거리고) 잠자리 같이하는 것...그것을 나는 전혀 생각하지 못했었지. 그런데 그거 아주 좋은 생각이야... 아주 좋아...

카타리나 그렇게 지저분하게 웃지 말아요. 포기하시고 어서 오시라니까요!

알로이스 당신 그렇게 까다로운 여자 아니었잖수!

소피 (다가가면서) 알로이스가 당신 괴롭히나요?

카타리나 알로이스와 성가시게 하는 사람들이라-성실한 사회감찰관이 필요하겠군.

알로이스 "예의 바른 것"이란 좋지. 내가 그런 사람 아니겠수?

카타리나 나는 그렇게 정확히는 모르겠고요. 관심도 없네요. 나는 알로이스를 무에스하펜으로 데려가려하고 여기서 구걸하는 행위만 못하게 하려는 것뿐.

소피 카타리나 말이 옳아요. 사람들이 와서 끌어가기 전에 어서 오셔요.

알로이스 이런 방법도 그 자그마한 부스럼딱지가 뭔가, 츠빙글리라던가, 그 자가 다시 생각해 낸 것이란 말이요?

소피 그 츠빙글리가 의회에서 말했다지요. 남아도는 물건들을 가난한 사람들에게 나누어주지 않으려면 아주 정당한 이유를 말해야 한다구요.

카타리나 그들이 지난 달에 수도원을 철폐하게 되었을 때 그는 그것을 수도원의 쓸모없는 뚱뚱이들, 별 할일없는 성직자들, 수사와 수녀들에게도 모두 말했다네요!

알로이스 그건 어디서 들었나요? 당신은 마치 츠빙글리가 뢰슬리 여인숙 주인의 딸에게서가 아니라, 당신에게서 많은 애들을 만들었던 것처럼 말하네요.

소피 츠빙글리 부인 안나에게서 들었어요. 안나도 무에스하펜 무료 급식소에서 일하더라구. 예전에 우리는 수도원 문 앞으로 가면 거기서 빵을 좀 얻었지요. 이제는 도시 안에 급식소 문을 연거야. 그래서 거기에서 우리에게 음식을 공급해 준대요.

알로이스 난 상관없대두. 여기서 으르렁거리며 성내고 살지 뭐. 난 차라리 여기서 죽을 거요.

소피 당신은 정말 구제 불능이에요. 여기서 구걸하는 것은 더 이상 할 수 없대두! 이제 시대가 바뀌었어요.

안나 라인하르트 큼직한 그릇 들고 오셔요. 당신들 오늘 올겁니까?

소피 우리는 가죠. 그러나 저 형제님은 차라리 여기서 계속 구걸하겠답니다.

안나 라인하르트 같이 오세요. 알로이스, 제 남편이 새로운 규율을 만들면서 알로이스 당신을 생각하기도 한 것입니다. 당신은 여기 너무 오래 앉아 기다리면서 거의 마비되어 가고 있어요. 그래서 제 남편이 그렇게 생각해 낸 거에요. 알로이스, 자신의 모습을 한번 들여다 보셔요. 제 남편 츠빙글리는 전장터에서도 이미 보여 주었던 결단력을 발휘한거죠.

알로이스 라인하르트 부인, 그 안에 뭐가 들었나요?

안나 라인하르트 자신이 살펴 보세요!

알로이스 (카타리나와 소피가 알로이스가 일어서려는 것을 도우려한다) 내버려둬, 나도 용기와 담력이 있었소. 사람들은 그걸 마리냐노 전투 때 내게서 사 버렸고, 비코차에서는 끝장 나 버렸지. 이후로 나는 용병에는 나가지 않았어. 그러나 그 덕분에 부유한 지배자들은 더 풍부한 연금으로 배를 불리게됐지.

카타리나 적어도 알로이스는 욕하는 것을 즐기네요…

알로이스 (알로이스가 서기는 했지만, 자세가 불안하다) 여기에 뭐가 들었어?

안나 라인하르트 빵과 밀가루, 보리와 다른 야채들, 음식으로 만들어진….

알로이스 난 여기에 차라리 머물면서 기다린대두. 누군가 나에게 동전 한 닢 던져줄 때까지 말이오.

안나 라인하르트 자선행위는 금해졌어요. 그것이 의회의 결정입니다. 왜냐하면 자선은 뭔가 좋은 일을 했다는 느낌을 갖게 하지요. 그런 것이 결국 스스로를 의롭다고 만드는 것이며 그로 인하여 하나님의 정의를 바라보는 시선을 망가트리게 합니다.

알로이스 멋진 연설이었소! 그 츠빙글리인지 뭔지 그 놈이 당신에게 집에서 주입시킨 것이요?

안나 라인하르트 츠빙글리가 의회에서 한 연설에 대해 내게 많이 설명해 주었지요. 그가 옳습니다. 선한 행위로 자신을 정당화하고 그것을 특별히 옳다고 여기면, 성격을 왜곡시킬 수도 있어요. "나눈다는 것" 때문에…단지 하나님만이 의로우실 수 있습니다. 그것 아시잖아요. 우리 인간들은 그 하나님의 의에 가까이 가야 합니다. 자신의 인간적인 의를 구축하는 것이 아니라요.

소피 지난 일요일에 츠빙글리가 바로 그 점을 이야기 했습니다. 그리고 카타리나 부인에 대하여 말했습니다…

카타리나 …나에 대해서요?

소피 예전에 프라우뮌스터 수녀원을 지휘 감독했던 그 카타리나요…

안나 라인하르트 아 그 수녀원장!

소피 아 그러면… 츠빙글리는 그 수녀원장도 자기편으로 만들었군요. 그래서 그 원장이 수녀원을 닫고 그 재산을 도시에 기부한 것이군요.

알로이스 그럼 취리히 시는 이제 돈이 충분하겠네요 (다시 앉으려한다)

카타리나 서 계세요. 젊은이, 그리고 함께 오셔요!

알로이스 아니 예전에 그 수녀원 원장이 바로…

카타리나 하나님이 그대를 보호하시길. 당신은 정말 부유하겠군요. 그 수녀원에 들어가려면요. 거기엔 정말 "금수저"들만 들어가잖아요!

안나 라인하르트 오세요, 카타리나, 어서 오세요!

소피 당신 음식은 냄새가 좋네요. 나는 여기서 수다 떠는 것을 더 이상 참을 수가 없어요. 그리고 이 음식들도 식어 버려요.

안나 라인하르트 차가운 음식이라도 있는 것이 아무 것도 없는 것보다 더 좋죠, 소피!

소피 맞아요. 안나, 당신은 정말 현명한 여인이에요!

안나 라인하르트 그러니 어서 오세요. 다른 사람들이 너무 오래 기다리겠어요! (소피와 함께 나간다)

카타리나 형제님, 어서 오세요!

알로이스 어디로요?

카타리나 무에스하펜 급식소요.

알로이스 당신이 맘 먹은 것을 이제 바꾸었다고 생각했는데... (빙그레 웃는다)

카타리나 (알로이스를 잡아당기면서) 이 냄새 나는 양반아…!

여섯째 이야기 마당
– 재세례파 지도자 펠릭스 만츠의 수장형 (1526)

(3명의 여자와 한명의 남자)

A 지난 주 저는 남미의 여성신학자 실비아 레기나와 함께 리맛 강가에 서 있었습니다. 거기에는 츠빙글리의 동료였다가 익사형 당했던 재세례파 지도자들을 기념하는 문귀가 새겨진 곳이 있습니다. 제가 이 이야기를 꺼내자 그녀의 눈가에 눈물이 흘렀습니다.

B 1527년 1월에 일어났던 이 사건 때문에 울었다구요?

A 그녀의 가족이 바로 메노나이트 공동체에 속했기 때문이에요. 그 사람들은 박해를 받았고 도시에서 쫓겨났고 배제되었습니다. 수세기 동안 전 세계적으로 이러한 일들이 벌어졌습니다.

C 그로스뮌스터의 목사 지그리스트는 내게 말하기를 한 노인이 취리히 시 지도를 갖고 찾아와 보여주었는데 그로스뮌스터 교회 위치에 구멍을 내서 눈에 확 들어오게 했다는 것입니다.

D 왜요? 그 노인이 무엇을 경험했길래요?

C 그 노인은 미국에서 온 재세례파의 후예였는데요. 그의 선조들이 취리히에서 쫓겨났고 리맛트 강에서 익사형 당했다고요. 그래서 그 노인은 이 잔혹한 장소를 지도 위에서 지워버리고 싶어 했답니다. 그런데 수년 전에 이 교회에서 공식적으로 죄책 고백과 참회의 기도가 드려졌으며 화해의 예배가 있었다는 소식을 그 노인이 접하고는 눈물을 흘리며 지그리스트 목사를 얼싸 안고 나서 헤어졌다고 합니다.

D 종교개혁이 사람들이 생각하는 것처럼 평화롭게 진행된 것은 아니었군요. 그 당시 다툼이 있었던가요?

A 종교개혁은 처음에 약 5년 동안 잘 진행이 되었고 새로운 것을 가능하게 했습니다. 특별히 가난한 사람들과 형편이 어려운 사람들에게 말입니다. 그러나 젊은 사람들 가운데 이 모든 것이 너무 천천히 진행된다고 생각하는 사람들이 있었습니다. 이 사람들은 아주 빠른 속도의 즉각적인 변화를 원했습니다. 그들이 생각하기에 츠빙글리는 너무 온건한 개혁을 추구하는 사람으로 보였습니다. 그래서 그들은 츠빙글리가 시 정부 당국의 입장을 너무 고려하면서 지배층에 너무 많이 기울어져 있다고 비판했습니다.

B 그러나 츠빙글리는 새로운 신앙과 새로운 질서를 관철시키기 위하여 이 시 정부 당국의 협력이 필요하였습니다.

A 그리고 이 급진적인 성향의 사람들은 츠빙글리가 이전의 견해들과 인식을 나중에는 잘못된 것으로 간주했다고 보았습니다. 예를 들면 유아세례 같은 것 말입니다. 그래서 츠빙글리의 생각이 너무 완고해진 것 아닌가하고 비난했던 것입니다. 그래서 그들은 성인 세례를 주기 시작했습니다. 그러나 이것이 취리히 시에서 받아들여지지 않았습니다. 한 번의 세례로 충분하기 때문이었습니다.

B 아니 그 이유 때문에 그들을 죽였다구요?

C 아마도 그것은 "단 한 방울의 물이 물통을 넘치게 한 효과"라고나 할까요. 소위 "종교개혁 좌파들"에게는 정치적으로 많은 요구사항들이 있었습니다. 개혁주의적이려고 한다면, 제대로 해야 한다고 생각한 것이었지요!

A 새로운 것을 시도하려면 늘 반대에 부딪히게 되지요. 그러한 것을 어디서나 볼 수 있어요!

C 오늘날 스위스에서도 그리고 다른 곳에서도 별로 마음에 들지 않는다며 유럽을 철저하게 깨트리려고 하는 우파주의적 움직임들이 있죠. 종교개혁 당시에는 좌파 성향의 사람들이 그랬었죠.

B 갈등은 늘 있게 마련입니다. 평화가 오히려 특별한 것이며 드문 일이지요. 어떻게 긴장과 갈등을 해소하면서 사느냐가 관건이에요!

C 그건 오늘날 어디에나 해당되는 것이지요.

D 반대하는 사람을 근절시키고자 하는 것은 결코 어디에서고 갈등을 종식시키는 해법이 될 수 없어요! 그와같은 태도는 성서에서 옳게 여기는 것과는 정반대되는 것이야.

(바바라 기슬러는 미나 그레벨이 받혀 준 손 위에 서 있고 엘리사벳 문츠는 콘라드 기슬러를 뒤에서 받쳐준다)

바바라 그들이 오네요. 북소리 들으셨나요?

미나 비참하네요. 죽은 사람들의 행렬.

엘리사벳 그들이 베르너씨에게 알려주었어요. 어젯밤 제게 말해 주었어요. 그가 하려던 것은...

루돌프 그런데 그들이 대가를 아주 잘 지불하죠!

바바라 루돌프 형제, 그런데 지금은 아니구요!

엘리사벳 뭘 보고 계신가요?

바바라 모자달린 옷을 입은 남자의 얼굴은 제가 못 보았지만 그 남자가 펠릭스를 부두로 데려왔어요. 지금 그들은 성벽에 서 있죠. 북치는 남자가 와서 다리를 넘고 있네요. 이제 배가 옵니다. 모자달린 외투입은 다른 남자가 배를 묵고 있어요. 한 목사가 펠릭스에게 왔어요.

엘리사벳 츠빙글리는요?

바바라 없어요.

엘리사벳 그러나 그는 그 일에 찬성했죠!

바바라 결국 펠릭스가 다시 공동체로 돌아오지 않을 것이라 보았죠. 왜냐하면 그는 새로운 세계가 더 빨리 이루어지길 희망했기 때문이죠. 우리의 상황에서 가능한 것보다 더 빨리 이루어지기를 바랬던 것이죠.

미나 아마도 새로운 운동들을 기대했던 그가 옳을 수 있어요.

콘라드 배반하는 것!

미나 누구에게 배반을요? 우리 주님께…?

바바라 이제 그들은 펠릭스를 다리로 데려가요. 그는 버텨보려 애를 쓰지만, 그러나 그들의 힘이 더 강하죠. 그리고 이제 그들은 그의 손을 등 뒤로 묶어요. 이제 그는 스스로 구두끈 하나 묶을 수도 없이 옴짝달싹 못하게 되었어요.

엘리사벳 이제 돌을 더 매달고 밀어 넣으려하죠.

바바라 너는 아무 것도 보지 않으면서.

엘리사벳 그러나 나는 상상할 수 있어. 처형을 상상하는 것이 어려운 일도 아니지.

바바라 이제 사람들이 펠릭스를 배로 밀어 넣고. 이제 정말 돌덩이를 더 매달고, 목에는 밧줄이 걸려 있어. 북소리가 들리고. 보트가 떠나가네요... 나를 내려줘요. 난 더 이상 못보겠어...(흐느끼며 자리에 앉는다)

루돌프 (의자위로 올라 서려 한다) 내가 너희들에게 계속 중계해 주겠어.

바바라 여기 있어. 우리는 그 다음 어떻게 될지 다 알아...(흐느낀다)

미나 우리도 저렇게 될거야. 우리가 펠릭스와 콘라드의 재세례파 일을 같이 하게 된다면.

바바라 펠릭스는 이제 죽었어. 아래 창문가에 여자들이 울고 소리지르는 것 못들어?

미나 나는 그 소리 들을 필요도 없어. 그것이 무엇인지 알지. 이제는 조용하게 됐지 뭐, 소요를 조장하던 사람은 이제 사라졌어요. 그는 이제 강바닥으로 가라앉은거지. (흐느낀다)

루돌프 (조금 떨어져 앉아 눈물을 닦고 있는 엘리사벳에게) 당신도 그러시나요? (미나 그레벨을 가리키며) 당신은 콘라드와 친척 관계이고 졸리콘 숲속에서 열린 집회에 갔던 것으로 아는데요. 그리고 바바라는 계속 소리쳤었죠... 별 이유도 없이. 그러나 "강인한 엘리사벳 당신은 그 어떤 강한 폭풍도 굴복시킬 수 없죠."

엘리사벳 입닥쳐-너는 이해할 수 없어! 누구나 소리 지르며 울 수 있지. 필요하다면 말이야. 오늘 그러는 것이 필요해, 루돌프. 나는 펠릭스를 어려서부터 알아왔어. 누가 그를 모르겠어. 시장터에서 그에게 돌 던졌던 모든 사람들이 그를 알았지! 난 지금 츠빙글리 때문에 큰 소리로 울기도 해. 오늘 이후로 모든 것이 그에게도 달라지겠지. 이제 그는 죽은 동료를 갖게 되는거야... 아니지, 죽인 것이지. 도시의 종교개혁자들이 그렇게 만든 거지.. 스스로 옳다고 보면서. 교회가 금했던 권력뿐 아니라, 아니지 죽음과 삶을 가르는 그러한 권력을 가졌던 것처럼 말이지. 그것이야, 바로, 루돌프!

바바라 정말 그렇게 생각해? 그들은 펠릭스에게 평안을 주게 한거야. 희생한 거라고 그들은 말하지.

엘리사벳 세상을 한번 둘러보게. 그리고 우리의 역사를. 죽음은 항상 죽음을 불러왔지! 살인은 살인을 불러왔고! 우리는 평화를 만들기 원하네. 새로운 신앙은 예수 그리스도가 삶과 죽음의 유일한 주님이 되심을 말하고 있네. 우리도 그렇게 생각하고. 또한 츠빙글리도 그렇다네. 모든 살상은 죄야. 설령 법정에서 그렇게 결정을 한다해도 말일세.

바바라 그리고 심지어 시의회도요.

엘리사벳 졸리콘에는 아주 우직한 사람들이 많이 있는데요. 그 사람들도 모두 익사형에 처할 수 있겠지요. 그러면 계속 이런 일들이 벌어질텐데요. 이렇게 계속 진행되게 할 수 없어요.

미나 이미 오버란드로 도망간 가족들도 있어요. 펠릭스는 그것을 원하지 않았지요. 그는 전쟁을 반대했습니다. 앞으로 어떻게 될까요?

엘리사벳 당신의 사촌 콘라드가 이제 재세례파의 수장이 됐네요. 그에게 말하세요. 아주 조심하시라구요. 우리는 더 이상 시체를 필요로 하지 않아요!

바바라 나는 더 이상 그런 장면 보지 않을래요. 참을 수가 없어요…

루돌프 당신은 창밖으로 뚫어지게 쳐다 보고 싶어했잖아요. 우리는 당신에게 경고했었어요.

바바라 저는 그렇게 생각하지 않았어요. 우리는 그들이 서로 적대적인 것을 막아야만해요. 새로운 신앙이 중요하지 정치적 행위가 중요한 것이 아니죠.

엘리사벳 그 두가지를 분리해 낼 수 없지요. 교황이 군대를 갖고 있고 스위스 중부 젊은이들과 함께 더 군대를 강화하려는 거죠. 우리 시 회장이 그들의 대장이었습니다. 그리고 츠빙글리도 시의회와 탄력성있게 대응해야 합니다. 그렇지 않으면 그의 개혁의도를 성취할 수 없어요.

루돌프 그래요. 모든 신앙은 정치적인 것이죠!

엘리사벳 얼마나 현명한지, 이 젊은이 말이에요! 정말 당신 말이 맞아요. 달리 생각할 수 있는 사람은 순진한 거죠.

미나 우리는 갈등과 긴장을 정치판에서와 같은 방법으로 해결하려고 할 필요는 없어요. 일단 사람을 죽이고 쫓아내는 것이 없어야겠죠. 츠빙글리가 말하듯이 어떤 경우에든 대화로 풀어야만 한다는 것이죠. (흐느낀다) 내 사촌 콘라드 때문에 정말 무서워 죽을 것 같아요.

루돌프 콘라드 그레벨은 달아날 수 있어요. 미나, 그는 경건한 사이비 성직자보다 훨씬 더 빠르죠.

바바라 울보 여인들이여, 이제 눈물을 닦고, 팔을 걷우어 부치고 싸워야지요.

루돌프 뭘 위해서요? 뭘 반대하구요?

바바라 당신처럼 남자들에 반대하는 거죠. 단순히 서서 왔다갔다 하면서 누가 무엇인가를 하기까지 기다리는 사람들 말이에요. 그리고 폭력이 없는 세상을 위해 일해야지요!

루돌프 꿈을 계속 꿉시다, 저는 갑니다! (퇴장한다)

미나 그리고 이제는요?

엘리사벳 지금 상태 그대로 있는거죠. 죽은 사람은 영원히 고발당한 겁니다. 펠릭스와 그를 따르게 되는 모든 사람들이 그렇게 되는 거죠....

미나 (초조하여 안달이 난다)

엘리사벳 사랑하는 미나, 계속 희생자들이 나올 겁니다. 더 정의로운 사회를 위한 길은 이제 비로소 시작된거죠.

미나 그것은 정의와 아무 상관없어요!

엘리사벳 나도 그렇게 생각해요. 그러나 그들도 그렇게 생각하죠. 이제 우리는 결정적으로 이상한 궤도위에 서 있게 되었어요. 새로운 신앙은 순수성을 잃어버렸습니다. (눈물을 닦는다) .

바바라 펠릭스는 아마도 그의 급진적인 태도에서 나가도 너무 나간 듯하네요. 세금도 전혀 내지 않았었대요. 그는 시정부가 그를 모든 교회의 직분에서 물러나게 하고 바깥에 머물도록 하였을 때까지 그의 의지를 관철하려 하였어요. 그는 국방의 의무도 거부했어요.

엘리사벳 말씀과 행동으로 확신을 갖고 일하는 것은 영예로운 일이지요. 그건 의논해서 풀어야만 되지, 죽여 없애 버릴 일이 아닙니다. 저는 츠빙글리가 안

됐다고 생각이 되어요. 그 일에 대해 그는 의회에 너무 굽히고 들어갔어요. 그러나 츠빙글리는 의회가 필요했죠. 루터가 제후들의 도움을 필요로 했던 것처럼요.

미나 내가 뭘해야만 할지 나는 더 이상 모르겠어요…

바바라 우리 모두가 모르죠. 예수님만이 아시겠죠. 예수께서 우리에게 길을 제시하는 천사를 보내셔야죠…

엘리사벳 얼마나 좋겠어요… 내가 두려운 것은 우리는 이 새로운 상황 속에서 스스로 생각해야 된다는 것입니다…

일곱째 이야기 마당
–성서학교 "프로페차이(Prophezei)" (1527)

(2명의 여자와 한명의 남자 - 우선 모두가 함께 읽는다)

A "대조되는 사회"–특별한 표현인데!

B 어떤 뜻에서요?

A 이 세계는 주변부와 울타리를 넘어서 다른 형태로 사는 것이 가능한 집을 필요로 하는데요. 더 인간적이어야 한다는 것이지. 즉 인간을 인간답게 만드는 것에 가깝게 가는 것을 뜻하는거야. 그리고 이 세계를 더 연합하게 만드는 것에 더 다가가야 한다는 것이고. 더 정의로와야 한다는 것.

C 더 정의롭다는 것은 무슨 뜻일까요?

A 아직 잘 모르겠어. 더 읽어보아야 하겠거든. 그러나 나는 이 표현을 잘 선택했다고 보는데. 눈에 띄는 다른 방식으로 공존해야 한다는 것이지. 그러한 것을 보는 사람들에게 생각할 거리를 주는 것이야. 그리고 그런 사람들은 삶의 양식을 바꾸어야만 한다는 것을 물어야 할 것일세.

B 그 말이 내 마음에 드네. 그러한 "대조되는 사회"는 이미 파라다이스에서가 아니라 이 세계 안에 있지.

C 그러나 이 세계 안에는 정의가 없어. 여기를 보나 저기를 보나, 주위를 둘러보아도 마찬가지야! 모두가 자기 자신만을 살필 뿐이고, 자신 만을 위해 도움이 되는 일, 가능한 한 대체될 수 없는 것, 자신만이 이루어 질 수 있는 것을 위주로 하며 서로 나누고 서로 서로를 위하는 것은 그 자취도 찾아보기 힘들어 보이는 것일세.

A 바로 그 점을 뜻하고 있는 것이야. 그 궤도를 바꾸고, 다른 방향을 볼 수 있게 하며, "방향을 선회하고" 새로운 것을 시도하려는 것이네.

B 아마도 정의가 무엇을 뜻하는지 그 근본부터 따져볼 필요가 있겠어요. 옳은 것은 모두를 위한 것이어야 하지요. 단순히 소수를 위하여서만 옳은 것이어서는 안되는 것이죠...

C 어떠한 방향을 설정해야만 하나요? 기준이 되는 것은 무엇이죠? 유엔의 위원회가 어떤 성명서를 내 줄 수 있는 것도 아니지 않을까...

A 인권을 설명한다는 것은 하나님을 알고, 무엇인가 좋은 것을 말하는 것이죠!

B 지금 자네는 "하나님을 알고"라는 표현으로 무엇인가를 말한 것 같은데. 사람들은 성서로부터 정의를 위한 기본 지침을 발전시키고자 했지. 츠빙글리는 신적인 정의가 바로 인간이 추구해야만 하고 추구할 수 있는 한 "기본지침"이라고 말했었지.

A 인간의 정의는 결코 하나님의 정의에 도달할 수 없지. 그러나 이러한 하나님의 정의의 기본 지침에 따라 인간적 정의로써 가능한 한 최대한 가까이 접근하고자 하는 것이지.

B 1525년 그로스뮌스터에 "상급학교"가 시작되었어. 본래 목사를 교육하고자 세워진 그 학교의 이름이 "프로페차이"였지. 거기에서는 일요일과 금요일 시장 서는 날 제외하고는 매일 오전에 히브리어 성서와 희랍어 성서를 읽고 번역하여 일반 대중들이 이해하도록 했어. 프라우뮌스터에서는 같은 방법으로 신약성서를 읽고 번역하는 모임이 있었다네.

A 몇 년 지나지 않아 1531년 프로샤우어가 편집한 취리히 성서본이 출간되었고, 홀바인이 그림을 그려 넣었어. 독어로 번역된 이 성서로 사람들이 그 "기본지침"을 스스로 읽고 생각할 수 있게 해 주려는 것이었어.

C 300년이 지나서 바로 프로페차이가 있던 그 곳에 취리히 대학 신학부가 생겨진 것이라네.

(리맛 강가의 돌 위에 엘스베트 쉐러가 슬픔에 잠긴 채 앉아있다. 안나와 하인리히가 나중에 지나가다가 멈추어 선다)

아니나 엘스베트?

엘스베트 으음.

아니나 잘 지내?

엘스베트 응, 그래…

아니나 베로니카에게 무슨 일 있나?

엘스베트 베로니카 잘 지내. 그녀는 할머니한테 가 있어.

아니나 학교에 무슨 일 있는 것은 아니고?

엘스베트 아니, 다 좋은데…

아니나 그러나...?

하인리히 (다가오면서) 내가 그녀를 위해 뭐 도움 될 일 없을까? 엘스베트, 뭐 안좋은 일이라도 있나요?

엘스베트 제게 시간을 좀 주세요.

아니나 (하인리히에게, 조금 떨어져서) 오늘 아침에 그녀에게 무슨 일이 있었나요?

하인리히 그녀는 정말 멍하니 앉아있었어요. 콘라드는 히브리어를 아주 잘 읽었었고 해설해 주었죠. 신명기 6장 "들어라 이스라엘"이라는 말의 의미를요. 츠빙글리는 나중에 희랍어를 읽었고 라틴어로 설명했어요. 우리는 기도했구요. 그리고 나서 카스파는 모든 것을 독어로 요약해 주었어요. 언제나 그렇듯이 말이죠. 엘스베트는 끝날 무렵에서야 한두번 쳐다보았네요,

엘스베트 흐느낀다.

아니나 무슨 일인지 내게 말해주지 않겠어요?

엘스베트 오늘이 결혼 삼주년 기념일이에요!

아니나 아 그랬군요. 정말 유감입니다!

하인리히 심심한 조의를 표합니다!

엘스베트 이제 벌써 9개월이 지났네요, 그가…

아니나 정말 끔찍해요, 사랑하는 엘스베트! (팔로 감싸 안는다) 그렇게 젊은 나이에!

엘스베트 그는 10월에 27세가 되지요.

하인리히 그는 일을 너무 많이 했어요…

엘스베트 츠빙글리도 그렇게 말했어요. 그리고 또한 이렇게 쓰기도 했지요.

(종이 한 장을 앞치마에서 꺼내들고 눈물로 읽어 내려간다) "문학의 여신과 그 숭배자들의 의지와 다르게 그에게 죽음이 빨리 닥쳤다."

하인리히 그랬군요. 츠빙글리가 그로스뮌스터에서도 그렇게 말했어요.

엘스베트 그러나 야곱은 그에게 매번 말하기를 "독서하는 것은 하나도 힘들지 않아요. 독서보다 더 나를 기쁘게 하는 것은 없어요!"

아니나 야곱은 아주 천재적인 머리를 가졌었어요.

엘스베트 심성도 고왔지요···

아니나 선하고 엄격하면서도 정의롭고. 그가 츠빙글리에게 히브리어를 가르쳤어요.

하인리히 그의 문법책은 우리 모두에게 도움이 되고, 앞으로도 그렇게 될 것입니다.

엘스베트 이제 우리에게 도움이 될 수 있는 것이 무엇이죠? 이제 그는 하늘나라에 앉아서 미소지으면서 우리를 쳐다 보고 있나요...그도 어제 베로니카가 혼자 반걸음 떼기 시작한 것을 보았을까요....(흐느낀다)

아니나 당신은 그 사람과의 사이에서 작은 딸 하나라도 있으니...

엘스베트 우리는 딸도 많이 낳고 아들도 많이 가지려 했어요!

아니나 오늘날 그러한 힘이 필요하죠…

엘스베트 저는 갑자기 힘이 빠져 버렸어요. 콘라드가 들어라 이스라엘을 인용했을 때 하나님을 사랑하는 힘이 있었죠. 그런데 그 힘을 오늘 제가 더 이상 갖지 못해요…

하인리히 엘스베트, 히브리어 할 줄 아시죠?

엘스베트 야곱은 제가 히브리어를 배우려고 하는지 물었어요. 그래서 저녁마다 늘 새로운 것을 가르쳐 주었죠. 그리고 가르쳐 준 것을 저와 함께 나중에 글로 남겼어요. 그렇게 문법책이 완성되었죠.

하인리히 "들어라, 이스라엘. 우리 하나님이신 주님께서 유일하신 분이시다. 너의 주님, 너의 하나님을 사랑하라. 온 마음과, 온 영혼과 너의 모든 힘을 다해서" 이렇게 구약에 쓰여져 있지요. 예수께서 이 말씀을 받아서 이렇게 보충하셨죠. "…이웃을 네 몸과 같이 사랑하라!"

엘스베트 그 성귀는 츠빙글리에게 표어와 같은 것이죠. 그 문장을 츠빙글리는 어디서나 말합니다. 레오 유드도 그 말을 강조하는데 지칠 줄 모르지요. 아직 그가 수도원에 사제였을 때도 말입니다.

아니나 당신이 있었던 그 수도원 말인가요?

엘스베트 저는 퇴스에 있는 수도원에 있었지요. 거기서 저는 야콥 뷔젠당거를 처음 보았어요.

하인리히 뷔젠당거?

아니나 그렇게 불렀어요. 그러나 학식있는 사람으로서 그는 달리 번역된 이름이 있었는데 야콥 세포리누스라고 했어요.

하인리히 우리 시프린씨를 말씀하시는군요.

엘스베트 도시에서 사람들이 그를 그렇게들 부르더군요. 그 표현이 그를 존경하는 거라고.

하인리히 예, 그렇게 불릴 자격을 갖춘거죠. 그는 본래 신앙없는 사람이었어요. 게다가 숙련공이기도 했죠!

엘스베트 무슨 일이 일어난거죠?

아니나 우리는 몰라요.하나님만 아시죠!

엘스베트 예, 아니나, 예! 그걸 저는 가끔 잊어 먹는단 말이예요. 그러나 잠시만 그래요. 하나님은 저를 용서하시고 벌하시지 않지요.

하인리히 하나님은 다른 척도를 갖고 계시죠. 엘스베트, 양심의 가책을 느낄 필요 없어요. 하나님의 정의는 차원이 다릅니다. 우리 인간이 생각할 수 있는 것보다 더 크고, 더 원대하죠. 그러나 우리는 그 하나님의 정의에 되도록 가까이 가도록 노력해야 합니다. 우리는 서로 서로 도와야 합니다. 그러나 정부 당국도 도와야 합니다.

아니나 이 정의에서 무엇이 중요한 것인지를 항상 알기 위해서 복음 안에서의 가르침이 필요합니다. 하나님 말씀의 선포지요. 이렇게 츠빙글리가 항상 말했어요. 목사란 오늘날의 예언자와 같은 사람들인데요. 그들은 하나님의 말씀이 무엇인지 용감하고 공적으로 말해야만 합니다. 츠빙글리가 우리의 학교를 이제 프로페차이라고 부른다고 저는 들었네요.

엘스베트 저는 목사가 되고 싶어요.

아니나 여자 목사가 되는거죠. 된다면요. 그런데 너는 아직 너무 어려.

하인리히 누가 알아, 언젠가 그렇게 될른지…

아니나 우리가 그렇게 될 수 있을 때까지, 여러분들이 그 자리를 잘 지켜야 하고요. 가능한 한 크게 외쳐야 합니다. 그래서 온 도시 전체가 듣고, 나라 전체에 울려 퍼져야지요. 그리고 세계 안에서도요.!

엘스베트 아니나가 옳아요. 하인리히 당신이 언젠가 츠빙글리의 뒤를 이어 그를 대신하게 될 수 있지요. 그러나 우리는 츠빙글리가 오래도록 필요합니다. 야콥도 우리가 오랫동안 활용할 수 있었겠는데요... 콘라드 펠리칸이 이제 그의 신실하고 좋은 후계자가 되었지요.

아니나 도시는 하나님의 무대가 되었지요. 이것이 오늘 아침 우리가 프라우뮌스터에서 배운 것입니다. 레오 유드 목사가 요한 계시록 21장을 읽어 주셨어요. 새로운 도시, 새로운 예루살렘에 대한 이야기였어요. "개혁된" 취리히에 대한 것인데요. 그것이 하나님이 그 안에서 자신을 드러내시는 하나님의 무대로 묘사된다는 것입니다.

엘스베트 흥미로운데요! 어떻게 그런 생각을 했을까요? 그렇게 전혀 생각할 수 없었어요.

아니나 희랍어로 도시라고 하는 것은 우리 사람들 가운데 "하나님의 도성"인 것이죠. 대부분 사람들 가운데 하나님의 집이나 거처로 번역되지요. 그 말의 본래의 뜻은 "무대", "장면" 이고 그것이 곧 도시라는 것이죠.

하인리히 그러한 내용을 츠빙글리가 듣게 되면 그를 흥분시키게 하겠네요. 하나님의 도시를 하나님의 무대로요!

엘스베트 그리고 이 하나님이 사람들을 사랑하시는 거죠. 그리고 그 분이 모두를 위한 하나님이시기 때문에, 사람들은 서로 사랑해야 하는 것입니다.

온 힘을 다해서 말이죠. 그 힘이 내게 다시 오는 듯한 것을 제가 이제 느끼네요…

아니나 그가 계속해서 말하기를, 하나님이 어떠하신지, 하나님이 무얼 하시려는지, 어디로 하나님이 이르시려는지 스스로 보아야 한다고 했습니다. 바로 이 도시라는 무대 안에서 하나님이 사랑으로 의도하시는 바, 혹은 정의로 의도하시는 바가 무엇인지를 보려는 것입니다. 왜냐하면 하나님의 말씀은 실재가 되었고 그것은 다름 아니라 "몸"이 되신 것입니다. 바로 예수라는 인격성 안에서 하나님의 말씀이 육신이 되신 것이지요!

엘스베트 아마도 이 하나님이 "당신"이 아닐른지요…

아니나 (의아해 하며) 그럴 수도 있겠죠… 내일 그 점에 대해 말해 보겠습니다.

하인리히 그러면 이제 춤추러 갑시다.

아니나 하인리히, 미친 거 아닌가요, 우리가 그러면 안되죠. 사람들이 춤추는 것 금지시켰잖아요. 춤추는 것은 아주 나쁜 거에요..

하인리히 하나님의 무대에서 춤추는 것을 말한 것입니다! 약간 더 생각해 본 거죠. 그러나 마음과 영혼을 다해서요. 오세요!

엘스베트 따라 갈게요…

여덟째 이야기 마당-용병 반대와 베른에서의 츠빙글리 (1528)

(2명의 남자와 한명의 여자)

A (신문을 읽으면서) 또 세 명의 스위스 젊은이가 지하드에 가담했다는군.

B 여성들도 가담했다고 나도 들었어.

C 왜들 그렇게 흥분하는데? 그것은 우리 전통 아니었어!

B 네 말은...

A 그 말도 맞지요 - 수백년전에 수많은 스위스 젊은이들이 전장터에 나갔던 것은 오랫동안 우리 스위스에서 일상적인 것이었지.

C 사람들은 스위스 군인들을 선호했는데 그들이 싸우고 죽이는 전투력이 강하고 좋았기 때문이었지. 또한 그들은 무기를 효과적으로 사용할 수 있어서 제후들과 왕들이 돈을 많이 지불했어.

B 전투가 벌어지게 되면 양쪽 진영에서 스위스 용병들을 맨 앞에 내세웠다네! 그들은 스위스 독어로 저주스런 욕설을 퍼부었지...그리고 서로 그 말을 알아들었어.

A 오늘날에도 무기가 외국 군대로 흘러 들어가서 판매되고, 그것이 평범한 사업처럼 진행되고 있어.

B 그 모든 것이 돈 때문이지!

C 그것은 스위스의 중립성을 해치는 것이라는 비판적 목소리도 많이 있어.

A 모든 유형의 사람들과도 사업을 해야 한다는 것이 항상 함께 하고 있었네.

B 반대하는 소리도 이미 있었지. "용병반대" 베른의 니클라우스 마누엘은 후에 종교개혁을 주도한 인물이었는데 그도 용병에 반대하였던 사람이었네.

C 마누엘은 비코차의 노래로 그 전투를 묘사하고 있었어. 베른의 군사들이 함정에 걸려들어서 수천명이 목숨을 잃게 된 일이 있었거든. 또 다시 북이탈

리아에서 그런 일이 생긴 것이었고 1515년 마리냐노에서의 비극적 전투가 끝난 지 7년 밖에 지나지 않았던 때였지.

A 종교개혁은 이러한 용병제도를 철폐하기 위해 싸운 것이었네. 그러나 오늘날 되돌아보면 아무 것도 별 도움이 되지 않았던 것 같아...

(울리히 츠빙글리는 니클라우스 마누엘과 그의 부인 카타리나 프리쉉과 책상에 앉아있다. 니클라우스는 용병에 반대하는 노래를 불렀는데 다시 자리에 앉으려 한다.)

츠빙글리 훌륭해, 니클라우스, 훌륭해. 그런 것 또 저장해 두었던 것이 있나?

마누엘 비코차의 노래도 있어... 우리 베른 사람들의 이야기를 집어 넣으려하네. 마리냐노의 잔혹한 살육이 얼마 지나지 않아 벌어진 일이라서 말이지.

츠빙글리 나도 그 현장에 있었네. 끔찍한 이틀이었지!

마누엘 사람들이 말해준 것에 의하면 그 저녁에는 아주 좋아 보였다고 하더군. 그러나 전투는 아주 비참하게 되고서야 끝이 났다고. 프랑소아 프레미에의 새로운 군대가 둘째 날 아침에 도착하고 우리의 기세가 꺾였다고 하더군.

츠빙글리 그런데 비코차에서는, 정확히 무슨 일이 있었던거야?

마누엘 본래 늘 동일한 문제인 거였지..베른 사람들은 밀라노를 우리가 차지해야 된다고 보았어. 비코차 전투에서 이 일이 틀어진거지. 늪지에 갇히어서 그 다음에는 잔혹하게 죽임을 당한거야.

카타리나 (흐느끼면서) 내 동생이 거기에 있었어...

마누엘 그가 늪지에서 피를 흘리고 죽어갔어, 다른 수많은 사람들처럼. 그는 꼭 이탈리아로 가려했지. 루디, 그는 이제 거기 영원히 누워 있게 되었네. 수많은 다른 스위스 젊은이들과 함께 말일세. 밀라노 앞 롬바르디아의 땅에 말이야. 채 15세가 되지 못하고.... 아 하나님.

츠빙글리 정말 안타까운 일일세! 각각의 사연이 정말 가슴 아프게 하네. 그렇게 거기에서 죽어간 이들을 생각하면 말이지. 그곳에서 벌어지는 전투들이 여기있는 우리와 상관없다고 하더래도 말이네.

카타리나 젊은이들이 죽어가면, 누군가에게 해당되는 문제지. 그들 모두에게 부모도 있을 테고, 형제, 자매, 부인, 자녀등...

마누엘 그렇기 때문에 그 일을 끝장내야 하는 거야. 단 한번에 말일세!

츠빙글리 그래 맞아. 그것을 우리는 어디서나 열심히 말해야만 하네. 여기 베른에서 자네들이, 그리고 우리는 취리히에서 말일세. 그리고 가장 좋기로는 가톨릭 사람들에게도 말해야 하네. 알트도르프에서도. 추욱에서도...

마누엘 스탄스와 모든 곳에서! 츠빙글리, 그런데 사실은 말이야, 개혁교도들도 외국 자본을 받으려고 하지. 그걸 인정해야지 뭐.

카타리나 그것은 언제나 그랬지. 돈있는 곳이면 어디든 가려했어.

츠빙글리 우리는 믿어야만 하네, 마누엘, 우리가 그것을 막아내는 우리의 투쟁에서 좋은 성과를 낼 수 있다는 것을 말이야. 나는 설교하고, 그대들은 노래하고 그림 그리고! 그리고 이 저항의 노래들을 듣도록 하세나. 그대들의 그림에 대해서는 나중에 더 이야기함세.

마누엘 성자 벨티에게 자비를 베푸소서
당신은 많은 노래를 지었습니다.
이제 전 세계로 그 노래가 퍼집니다.
당신은 그 전투에서 이겼지요.
당신은 입만 벌리면 거짓말
단지 자신의 치욕스러움을 칭송하네
죽음의 무덤이 너를 구해 주었네.
제후의 무기와 손이 아니라

말을 빙빙 돌리는 것이 무슨 소용 있는가
우리가 아주 바라는 것이 있네
당신과 함께 싸우는 것이네
아무 유익이 없는 듯

말해보게 용병이여, 자네 마음에 드는 것은 무엇인가?
그대를 위해 남은 것이 없을텐데.
오소리와 다람쥐처럼
자신의 무덤을 팔 뿐이네.

그대들은 움직여서는 않 되었네.
둥지에 틀어앉아
이제 그저 자랑스럽게 떠벌이기나 하지.
위대한 승리와 향연과 함께
우리는 도망칠 수 있었는가?
우리가 무덤으로부터 왔을 때에
수천명의 악마들의 이름에서
왜 그대들은 우리를 따르지 않았는가?

그대들이
목숨과 힘이 붙어 있을 때
우리 연방사람들을 찾았다면
그렇게 많은 상처들을
그들에게 남기지 않았겠지.
나는 종종 그것을 보았네
영웅은 용맹스럽네
우리의 한명이 그대들 열명을
젖은 걸레대로 쫓아냈지

그가 나, 니클라우스 마누엘에게서
노래를 작곡하고 부르는 것을
잘 배우게 되었네
동전 몇닢 그에게 주게나
곧 그가 모두 먹어치울 걸세.
사냥한 고기, 생선과 토끼고기
그대, 나의 노래의 작곡가여 부드럽게
네 코 앞에 오물하나 얹고
콧수염에는 세개

츠빙글리 (박수치다가 박수치지 않는 카타리나를 바라보고서 더 박수를 치면서) 마누엘이 말한 것이 마음에 들지 않나요? 그는 사람들이 경청하고, 바라보게 만들죠. 그리고 나면 사람들은 생각을 하게끔 되지요. 언젠가 사람들은 이성을 찾게 될테고 의미없는 전투로부터 사람들을 보호하게 할 수 있겠지요!

마누엘 당신은 이성이 작용한다고 믿으시나요, 츠빙글리? 이마 뒷편에서 떠도는 생각보다 돈주머니에 들어있는 것이 더 무게 있고 가치 있는 법이죠. 사람들은 이성적 머리로 생각하는 정신과 얼보다 손 안에 든 동전 한닢에 더 관심이 있어요. 당신은 루터가 이성에 대해 어떻게 생각하는지 아시죠.

츠빙글리 이성은 창녀와도 같지요. 분별력도 마찬가지구요. 루터는 그것이 믿음에 달려 있다고 말했어요. 그렇게 쓰기도 했지요. 그러나 그는 잘못 생각한거죠. 믿음 만으로는 충분하지 않아요. 믿음은 행동으로 옮겨져야 합니다. 살아있어야죠. 그것은 정부에서도 실현해야 합니다. 그것은 우리만으로는 안되요.

마누엘 사람들이 저를 이 시의회에서 선출했습니다. 이제 저는 얼마지나지 않아 더 직선적으로 이야기 할 수 있습니다!

츠빙글리 좋아요, 니클라우스 마누엘, 좋아요. 얼마나 기쁜지 몰라요. 취리히에서 우리는 종교개혁을 위하여 시의회에서 다수를 확보할 수 있어요. 점점 더 그렇게 되고 있습니다. 여전히 우리 가운데 존재하는 가톨릭 신앙을 가진 사람들이 작용하기도 하죠. 그러나 시장과 길드의 조합장들이 질서를 세워 나갈 것입니다. 그것이 도움되죠.

마누엘 그들은 용병을 통해서도 돈을 벌어요.

츠빙글리 용병은 취리히에서 금지되었습니다. 그 규율을 지키게끔 법률 재판소가 세워졌습니다. 그것은 예전처럼 주교에게가 아니라, 새롭게 우리 안에 설립된 것입니다. 또한 신성모독도 금지되었습니다. (그럼에도 불구하고 동정녀에 대해 말하는 것은 허용됩니다.) 낭비, 사치와 과시, 저주, 돈놀이등은 특히 금지되었습니다.

마누엘 용병도 일종의 돈놀이지요!

카타리나 오로지 제일 상위층 사람들에게만요. 그들은 군인들에게 가장 필요한 최소한의 것만 줍니다. 그래서 그들은 가난하지요. 고트프리드도 마찬가지였죠. 하나님이 그를 복되게 해 주신거죠. 당신들이 원하는 모든 것을 금하게 할 수도 있겠죠. 부유하게 되는 것을 금지해야만 되요.

츠빙글리 부인 말이 맞아요. 제가 곧 매 주일 그에 대해 설교하려 합니다... 취리히에서는 도덕성의 문제가 심각해 졌는데요. 부자들은 자기 자신만을 위합니다. 가난한 사람들도 마찬가지이구요. 우리의 새로운 종교는 공동체를 생각하도록 하는 것입니다. 바로 그 문제가 중요합니다. 공동체 중심, 연대, 상생, 신앙 안에서도 연방의 일원으로 연합하는 것, 이것이 핵심입니다.

카타리나 하나님을 생각하지 않고 전쟁을 하는 것! 인류는 언제가 되어야 분쟁을 달리 해결할 것일까요? 내가 듣기로는 남성들이 거대한 전쟁을 시작하였을 때, 모든 여성들이 남편들과 잠자리를 하지 않기로 결정했다지요. 마누엘, 걱정마셔요. 나는 그러지는 않을 겁니다. 그러나 그것도 좋은 방법이긴 하겠네요.

마누엘 나는 정말 행운이네요. 나의 사랑스런 카타리나.

카타리나 뮌스터에서 나는 당신의 설교를 경청하고 싶어요. 츠빙글리 목사님. 할러 목사님은 우리 교회에서 설교하십니다. 굉장히 용감하게 들려요.

마누엘 기다려요. 때가 올겁니다!

츠빙글리 담장 위에서 당신의 죽음의 춤, 정말 대단한 작품이었죠! 제가 집에서 보여줄 수 있도록 그것 복사한 것 있나요?

마누엘 가장 사악하고 나쁜 우리의 적들을 데려가세요…(그림들이 하나씩 벽에 투사된다. 마누엘이 그 앞에서 읽어내려간다.)

니클라우스 마누엘의 죽음의 춤

교황 죽음이 말하네
교황님이시여, 이것이 마음에 드시나요?
교황님도 이 둥근 원 안에서 춤추십니다
삼중적 왕관은 이제 제게 맡기셔야 합니다
교황님의 의자 세디아 게스타토리아(Sedia gestatoria)도
조용히 제 자리에 두셔야 합니다
교황이 대답합니다
나의 위대한 성스러움이 땅 위에 비추입니다
어리석은 세상은 내 앞에 머리 조아립니다
마치 내가 하늘의 왕국에 열쇠지기인 것처럼요
이제는 나 자신도 하나의 죽은 몸일 따름

츠빙글리 그가 특별히 스위스 중부의 장정들을 모집해 가지 않았다면, 우리에게도 상관없었겠지요. 그러나 이 시에서 당신이 교황을 죽게 했다면

좋지요. 그리고 그는 죽어가면서 이성적이고 정직하게 된다면요...루터는 이성을 누구나와 관계를 맺는 창녀 같은 것이라고 했다죠?

마누엘 이제 당신들의 콘스탄츠의 주교가 어떻게 되었나 보셔요.

주교 죽음이 말하네
라우테를 달콤하고 세밀하게 연주하고
주교님, 제 앞으로 춤추어 오셔요
어떻게 당신이 그 양들을 먹이셨는지
재판관이 당신의 말을 기꺼이 들으시도록

주교가 대답하네
나는 넓고 넓은 들판에서 양들을 방목했다네
그래서 아무 것도 외양간에 남아있지 않았지
마치 늑대처럼 나는 양을 먹어치웠어
그래서 이제 나는 잔혹한 형벌을 받고 있네

츠빙글리 멋져요. 마누엘, 정말 멋져요! 그러한 남자들이 필요해요! 용감하고 분명하고요. 당신들이 앞서갑니다.

카타리나 우리는 당신과 함께 하겠어요. 마누엘! 그 언제라도요! 그러나 이 바보의 노래 더 들어보셔요.

어리석은 자

죽음이 말하네
조용히 하거라, 이 어리석고 아주 못된 자여
그대도 현자들과 함께 죽어야 하네
죽음은 아무에게도 예외를 두지 않네
현명하든 어리석든 인간은 인간일세
어리석은 자가 대답하기를 (매우 현명한!)
나보다도 돈을 더 많이 사랑한
바보가 이 세상에 참 많지만
이제 나도 죽으려하네
이 세상에 더 이상
어리석은 사람이 없어야만 한다면 말일세

츠빙글리 계속 그려내시게, 마누엘, 이것보다 더 무례할 수는 없겠네! 계속 노래하게, 마누엘, 더 이상 더 시끄러울 수 없겠네. 이제 우리의 시간이네, 이제 우리는 살아야만 하네. 그리고 우리의 삶을 끝까지 즐겨야 하네. 우리 그리스도가 본을 보여 주셨네. 카타리나 당신도 할 수 있는 한 그를 더 도와주어요. 그는 당신의 여성적인 마음을 아주 잘 사용하리라고 보여요...! 우리는 이 죽음의 춤 시에서의 주교처럼 우리의 마지막을 그렇게 만들려 하지 않아요. 비록 "외양간에 아무것도 더 남아있지 않더라도" ...아닙니다. 외양간을 채웁시다. 여러분들이 있는 취리히, 바젤, 상 갈렌, 샤프하우젠에서, 그리고 곧 추욱이나 루체른에서도 그렇게 만듭시다...!

아홉째 마당
-성만찬에 대한 1529년 마부르크에서의 종교담화 (츠빙글리와 루터) (2명의 여자와 2명의 남자)

A “예수와 함께 하면 내 뱃속에서 무슨 일이 일어나는가?” 이것이 루이스 부누엘(Luis Buñuel)의 영화의 한 장면에서의 대사야. 한 순례자와 한 사제가 산티아고 데 콤포스텔라로 가는 순례길을 담은 영화에서 말하였다. 두 사람은 천둥번개가 심한 날씨에 숙소에 도달해서 밥을 먹으면서 서로 대화를 시작했다. 천둥 소리가 더 커지고 번개가 더 심하게 내리치자 사제는 성례전을 드리자고 제안했다. 그러면 불안감이 좀 줄어들 것이라 했다. 그가 성찬 제정의 말씀을 읽고 빵을 나누려 할 때 이것이 예수의 몸이라고 말하자, 순례자는 이렇게 물었다. 그러면 그 다음에 내 뱃속에서 예수가 어떻게 되는 것입니까?

B 그건 신성모독인데.

A 이 영화를 만든 사람이 있는 스페인에서도 그렇게 이해하였지. 그래서 수많은 데모가 있었고 그 댓가를 치루어야 했어.

C 그러나 그 질문 자체가 그렇게 어리석은 것은 아닐세! 이러한 성례전 행위에서 일어나는 것을 진정으로 어떻게 해명할 수 있을까?

D 교회사에서도 그 일로 여러 차례 논쟁이 있었지. 루터와 츠빙글리도 그 때문에 논쟁했고.

B 그들은 서로 합의를 하고자 마부르크로 온 것인가?

D 아니야. 독일의 한 제후가 그들을 그리로 초청한 것이지. 그는 새로운 개혁신앙을 가진 사람들, 루터파, 개혁파 모두를 한 마음으로 모으고자 하였어. 그래서 서로를 연합하게 하고 가톨릭의 영향권에 있던 황제에 대항해서 싸우고자 했지...

C 그렇게까지 되지는 않았으나…

D 그들은 15개의 명제의 결론에 도달했네. 그러나 정말 문제가 됐던 핵심 쟁점에 이르지는 못했지. 예수가 성찬의 빵에 임재하는가에 대한 질문은 아직 해명되지 않은 것이라고 보았어…

A 50여년전 헷센의 영주 필립과의 만남의 자리가 있은지 450년 후에 루터파와 개혁파는 성찬식을 공동으로 진행한 바 있어.

D (청중에게 분명하게 설명하면서) 이어지는 두 종교개혁자들의 부인들의 대화는 허구적으로 만들어진 것이네. 실제로 마부르크 담화에서는 루터와 츠빙글리의 남성 동지들만 자리한 것이었어.

(선한 의도를 가진 헤센의 백작 필립 1세의 한 회의실에서 루터와 츠빙글리가 구석에 서 있다. 이들은 각각 토라져 있는 상태이다. 이들 사이에서 진정어린 합일은 이루어지지 않았다. 필립은 많이 실망했고, 이제 가려한다. 그런 찰나에 두 종교개혁자의 부인인 카타리나 폰 보라와 안나 라인하르트가 들어오고 "그녀들의" 이야기를 전개하기 시작한다.)

카타리나 폰 보라 안나, 당신이 가시기 전에 저는 우리들의 성찬 담화를 이어가고 싶네요. 우리는 그것을 곧바로 시행해 볼 수 있지요. 이렇게도 되어질 수 있을 뻔 했다고요…

안나 그리고 (루터와 츠빙글리를 바라보며) 당신들은 어떤 것이 가능했을 뻔 했는지 보시게 될 수 있을 겁니다…! 이제 시작해 보실까요!

카타리나 폰 보라 (화난 사람 역을 연기하며) 성서에는 분명히 "이것은 내 몸이다"라고 기록되어 있다고 제가 아주 여러 번 말씀드렸지요. 우리도 그렇게 이해하고 있습니다. 이것은 내 몸이며, 이 빵 안에 예수가 물리적으로 함께 하신다는 것이죠.

안나 (역시 화난 사람 역을 연기하면서) 그런데 당신도 백번도 넘게 내가 한 말을 새겨 듣지 않은 거에요. 여기서 "이다"라고 표현한 말은 상징적으로 쓰인 것이죠. 그러니까 "의미한다"는 뜻이지요. (츠빙글리가 고개를 아주 많이 끄덕인다.)

카타리나 폰 보라 당연히 나는 잘 듣고 있지. 그러나 내가 듣는 것은 단지 잡담이고, 공상적이며 억지 해석뿐…(루터가 뒤에서 잠시 말없이 앉아있다.) 기록된 문자를 왜 멈추게 할 수 없는거야?

안나 우리가 현명하게 잘 숙고해야 되어 서지요. 모든 단어에 관계된 말이 무슨 뜻인지 말이에요. 그리고 여기에서는 단지 상징적 의미를 담고 있는 것입니다.

카타리나 폰 보라 당신은 단지 츠빙글리가 하는 말만 따라하면서 수다스럽게 떠들어 대는 거예요. 그는 늘 영적 표징이라는 말만 했지요. 어떤 심령론자!

안나 그의 이름은 울리히 츠빙글리, 울리히가 내 남편이야!

카타리나 폰 보라 내 울리히를 좀 붙잡고 말리지 그래….

안나 내 울리히야, 카타리나, 네 울리히가 아니란 말이지… 하나님이 보호하시기를!

카타리나 폰 보라 걱정하지 말아. 안 빼앗아 갈 테니까.. 결코 그런 일은 없을 거야.. (나지막하게) 나는 내 남편만 있으면 충분해….그러니까, 그 문제가 해결된 후에 당신 자신은 어떻게 생각하는거죠, 당신이 만약 당신의 고유한 생각에 도취해 있다면 말이에요.

안나 내가 생각하는 것은 말이지, 아주 단순해. 우리 둘다 옳다는 것이야!

카타리나 폰 보라 흥미로운데 - 뭘 뜻하는 거예요?

안나 내 말은…이것이다라는 말하고 의미한다라는 말이 어떻게든지 서로 연관이 되어 있다는 것이야. 무엇무엇이다라는 것은 무엇인가를 의미하는 것이잖아..

카타리나 폰 보라 정말 똑똑하네, 사랑하는 안나, 그 말뜻이 맘에 들어요. 라틴어로 이것이 이다라는 것은 내 몸을 뜻한다고 표현해 볼 수 있겠지. 이것이 내 몸 "이고 의미한다" 이렇게 말이야. 혹은 "이것은 내 몸을 의미하게 되는 것이며, 이것이 너희들에게 주어진 것이다."

안나 난 라틴어 몰라요. 나는 "뢰슬리" 여인숙에서 아버지 옆에서 식당일과 침대 정리 하면서 일하고 도와야 했기 때문에 공부할 수 있는 여건이 주어지지 않았어요. 당신은 수녀원에서 관심 분야를 개발시킬 수 있었겠지요.

카타리나 폰 보라 그렇게 간단하지는 않지... 거기에는 모든 것을 더 잘 아는 듯한 대표가 있지! 그리고 어떻게 처신해야 한다고 설명해 주곤하는!

안나 그럼 나의 츠빙글리가 나의 대표가 되는 것이겠네...아, 지금은 내가 너무 빨리 말해 버렸나!

카타리나 폰 보라 무슨 뜻으로 말하는 거야…?

안나 네 말이 옳아. 내 울리히 츠빙글리는 종종 생각도 시끄럽게 하곤 해요. 침실에서 그가 생각하는데 그 말이 적절하다면, 나는 "긍정"해 주고, 꼭 그래야만 하는 것이라면 "부정"한다고 하죠. 낮 동안에 그는 내 부엌에 와서 이 사람 저 사람이 말했던 것에 관하여 흥분해서 이야기 해요. 그리고 제 의견을 물어요. 그러면 그는 무엇이 옳은 것인지 아주 분명히 듣게 되죠.

카타리나 폰 보라 아주 좋아, 안나! 그런데 유감스럽게도 내가 시간이 많지 않네. 나는 지금 50명을 위해서 일을 해야 해. 매일 그 사람들 밥을 먹이고 있어.

안나 50명이라구요?

카타리나 폰 보라 어떤 때는 51명. 루터의 학생, 서기관, 관료, 손님들, 집안일 거드는 사람들, 그리고 루터... 때로는 61명이나 될 때도 있었고요. 루터가 계속 말하고 말하고 또 말하고... 그가 말한 것은 그대로 기록되거든요. 그리고나면 아무도 더 이상 먹을 수가 없어요...

안나 훌륭해요. 루터사모님, 그렇게 열심히 일을 거들고 계시니까요!

카타리나 폰 보라 다시 한번 말하겠는데요 츠빙글리 사모님, "이다 그리고 의미한다(Est et significandum)"...이것이 해법이라고 봅니다.

안나 그러면 바로 그것을 여기에 기록해 봅시다. 그것이 마부르크 담화 제 16 명제가 되겠네요.

카타리나 폰 보라 이렇게 적어 볼게요. "...마지막 순간에 우리 여성들이 올바른 지점에 이르러서 루터파와 취리히 개혁파가 모두 동의할 수 있는 표현을 찾게 되었다..."

안나 그렇게 아직 안될텐데요! 여성들에 의해 분명히 인정될 수 있는 시기가 아직 오지 않았죠!

카타리나 폰 보라 안나, 늘 그랬어요.

안나 물론이죠, 카타리나, 항상 그래왔어요! 그러나 우리가 공적으로 말을 하게 된다면, 그들은 부인하려 들 것입니다. 거름에서부터 시작해야 합니다!

카타리나 폰 보라 거름이라뇨?

안나 우리나라는 농사를 위주로 하고 있어서요. 어디를 가나 거름더미들이 있지요. 모든 농부는 거름에 자부심을 갖고 있어요. 무엇보다도 순 무우가 그 안에서 잘 자라주면요.

카타리나 폰 보라 저는 연장창고에 대한 것 조차도 몰라요! 성례전에 대한 우리의 이해가 서로 다른 것보다 이러한 격차가 더 크겠어요. 저는 라틴어를 할 수 있고, 당신은 거름더미에 대해 잘 알고요.

안나 다시 한번 시도해 보죠. 이렇게 적으면 어때요...서로 작별하기 조금 전에 두 사람은 이런 좋은 생각을 공유할 수 있게 되었다. 두 의견은 일치를 보게 되었는데...그리고 난 뒤 당신이 말한 그 라틴어 문귀를 집어 넣는 겁니다.

카타리나 폰 보라 해명하는 것이 "거름더미"보다 좋네요.

안나 냄새도 나지 않고요!

카타리나 폰 보라 그럼 이렇게 정하는 것으로 할까요?

안나 우리는 이렇게 덧붙여 써야 합니다. "성례전을 서로가 함께 나누어 먹고 마셨다. 설명되거나 덧붙여 말한 것이 아니라 영적 지도자에 의하여 분병되었다." 이것은 어차피 우리가 이해할 수 있는 것을 넘어서는 것입니다. 경험과 나눔을 위한 비밀입니다.

카타리나 폰 보라 신앙의 비밀을 말하는 가톨릭 교도들이 옳다고 봅니다. 우리도 우리의 새로운 신앙 가운데 그 점을 간직해야 한다고 봐요. 그 점을 여기 더 적어 넣을게요…

안나 모든 비밀에는 지식이 들어있는 것이 아니죠. 기껏해야 짐작하거나 추측하는 것이죠.

카타리나 폰 보라 그거 아세요, 나는 이미 어려서부터 비밀을 좋아했어요. 어떤 비밀들도 있었죠... 당신도 그랬나요?

안나 우리가 항상 얻게 되는 한가지가 있어요. 우리가 우리 안에 받아들일 수 있는 것이 있죠. 그리고나면 영향력이 있는 것이예요. 우리의 생명을 유지할 수 있는 약과 같은 것이죠.

카타리나 폰 보라 생명을 가져오는 것이죠.

안나 여성들만이 생명을 선사할 수 있는 것처럼요.

카타리나 폰 보라 사랑의 하나님.

안나 성령 하나님!

카타리나 폰 보라 (쳐다보면서) 저 뒤에 있는 두 분이 뭘 생각하시는지...한번 쳐다 보세요!

안나 저는 바로 뭐가 필요하냐면요···

카타리나 폰 보라 ...우리 두 사람을 위한 술 한잔! (서로 껴안으면서)

루터 (거칠고 자극적으로) 맥주 한잔 필요해요!

츠빙글리 (마찬가지로 거칠게) 나는 사과주 한잔요!

필립 갖다 드리도록 할게요- 계속하세요!

츠빙글리 안나 말이 옳아요! 요한복음 6장에 기록되어 있기를 그리스도 자신이 생명의 참 양식인 것입니다. 바로 그 분이 사람들을 예수께로 부르고 계십니다. 바로 이 영적 양식을 나누는 것, 그것이 먹다라는 상징적 의미에서 묘사되었죠. 그 때문에 우리는 구원의 "중재자"가 필요한 것이 아닙니다. 목사는 떡과 포도주를 나누는 성례 공동체의 한 일원입니다.

루터 카타리나가 당연히 더 옳아요! 성례는 나뉘어져야만 하는 것입니다. 그렇지 않으면 그리스도를 빠트린 채 기억하는 정도의 예전인 것입니다.

츠빙글리 하나님 나라가 임하실 때까지 나를 기념하여 이를 행하라. 교회 공동체가 인간과 함께하는 구원과 해방을 위한 신적인 역사의 시작을 기억하기 때문에, 그들 모두가 받아들여지며, 하나님 나라의 완성을 향해 앞을 바라보는 것입니다.

루터 당신은 정말 교화시킬 수 없는 분이군요, 츠빙글리! 신적인 긍휼과 은혜의 신학에 머물러 있어요. 누구나 마음대로 생각할 수 있겠지요.

츠빙글리 루터형제님, 당신은 설교를 잊어버리시나요, 그것이 사람들의 삶에서 무엇을 뜻하는지 우리가 설명해 주어야지요.

루터 츠빙글리 당신은 사람들하고 너무 말을 많이합니다. 그리고나면 너무 빨리 정치적이 될 수 있어요. 그것은 신앙에 적합하지 않습니다.

츠빙글리 당신은 아주 잘못 생각하고 있군요, 루터 박사님, 기독교의 상징은 십자가입니다. 수직적인 것은 하나님과의 관계성이지요. 모두가 직접 그 관계를 지닙니다. 수평적인 것은 사람들 사이의 관계입니다. 그것이 서로 연결되어서야 우리 주님의 십자가가 형성되는 것입니다.

필립 영적인 것은 우리 부인들을 위해서, 땅에 속한 것은 우리 남성분들을 위해서! (잔을 나누어주고 부인들에게 말한다) 여러분들이 준비한 것은 정말 훌륭한 작품이네요. 몇몇 종교개혁자들도 그것에서 배울 점이 많겠습니다. ...(남성들에게) 종교개혁을 위한 일을 여성들에게 맡겨버리는 것이 더 현명하고 빠른 것이 되지 않을까 싶습니다. 사고하고, 느끼고 행동하는 것에서 변화를 가져오면서 여성들은 항상 우리를 능가했습니다...! 건강과 안녕을 위하여 잔을 높이 들어서 상테라고 엘사스 지방에서 사람들이 건배사를 하지요. 영혼을 위한 건강과 머리를 위한 건강 모두를 기원하는 것입니다. 상테! (부인들을 쳐다보면서) 마음과 마음의 오성을 위해서!

X 전쟁의 위협에 반대하며 -취리히 시의회 앞에 선 베른의 니클라우스 마누엘 (1529년 6월 3일)

(2명의 남자)

A 신문보도에 의하면 미국에는 새로운 내전을 고려하고 있는 많은 사람들이 있다는 군요.

B 그러나 모든 자유를 누리는 우리 나라에서는 아니지요.

A 가장 마지막의 내전은 아주 빨리 끝나버렸죠. 많은 질문들이 그 당시 답변되지 않은 채로 남아 있었습니다. 이제 그 점도 달라져야만 합니다.

B 미국에서 남북전쟁이 있은 지 150년이 지난 이 시점에서 정말 있을 수 없는 일이지요.

A 몇몇 사람들은 말하기를 그들에게 평화를 강요했다는 것이죠. 그렇게 내버려 둘 수는 없을 것입니다. 이제는 단순히 실질적인 이유를 기다리고 있습니다. 그리고나서 옛 평가서들을 새롭게 열어 보아야 합니다.

B 그것은 단지 미국에서나 생각해 볼 수 있는 일이지요.

A 잘못 생각하지 말게나, 그러한 일은 어디서나 일어날 수 있지, 우리나라에서도 말이야. 표면상으로 처음에는 차갑게 계속 이어지다가 그 끝에 가서는 갑자기 화산과 같이 폭발하는 것이 대부분의 전쟁이지.

B 정말 우리나라도 그럴 수 있다는 거예요, 그렇게 생각하세요?

A 종교개혁기를 한번 들여다 보세요- 그 시기에는 자유, 평화, 새로운 인간, 새로운 권리 이러한 것에 대해 이야기 하였습니다. 누구나가 스스로 결정해야 했습니다. 새로운 종교개혁 운동에 동참하느냐 아니냐를 말이지요. 그러나 곧이어 종교개혁을 주도하던 취리히는 스위스 중부 칸톤과 총과 무기, 대포로 맞서야 했습니다. 그들은 가톨릭의 옛 신앙을 지키고자 했기 때문입니다.

B 신앙과 폭력 - 굉장히 근대적 현상입니다!

A 거기에는 까닭이 있었지요. 종교개혁적 성향을 지닌 베른의 주인에 맞선 하층민들에게 스위스 중부 가톨릭 사람들이 힘을 실어주고 도움을 주기 시작했습니다. 그러나 그것은 다른 지역에서의 내부적인 갈등에 관여하는 것을 철저하게 금지하며 지금까지 맺어진 스위스 연방의 계약에 위배되는 것이었습니다.

B 그리고나서 취리히 사람들은 이러한 스위스 중부 사람들에게 가르침을 주려고 한 것이 아닌가요?

A 그들은 개혁을 시도하는 베른에 대해서도 가톨릭 사람들의 사죄를 요구했습니다.

B 여기 좀 보셔요. 취리히 사람들이 베른 사람들을 강하게 만들어요...!

A 그러나 무엇인가 특이한 일이 생겨났어요. 베른 사람들은 그들 가운데 최고의 사람을 보냈는데요. 의회원이며 화가이자 가수인 니클라우스 마누엘을

취리히로 보낸 것입니다. 그는 취리히 의회가 형제 전쟁에 가담하는 것을 포기하게 할 수 있으리라 본 것입니다. 전쟁을 수행하는 것이 능사가 아니라, 잘 생각하여 포기하는 것이 중요합니다. 이렇게해서 달아오른 분위기를 가라앉게 할 수 있겠지요.

취리히의 시청 - 니클라우스가 청중을 향해 말한다. 시장은 경청하면서 앉아있다.

베른에서 온 니클라우스 마누엘 존경하는 시장님, 취리히 시의회의 소의회와 대의회 의원님, 경애하는 연방의 경건한 동지들!
기관장과 베른의 소의회와 대의회는 우리의 경애하고 신실한 연방의 동지이며 기독교 시민으로서 여러분에게 말하도록 저를 파견하였습니다...
첫째로 말씀드릴 것은 베른의 의회원이 여러분들에게 인사를 전하는 것입니다. 그분들은 필요시 도움을 주기 위해 준비되어 있습니다.
둘째로 우리의 성실하고 경애하는 연방인으로서 여러분들은 운터발덴의 태수가 바덴에 들어서려는 것을 원하지 않고 베른에 있는 우리의 자비로운 대표에게 알리려 하였지요. 반면에, 우리의 대표들은 폭력적이 아니라 정중하게 그러한 것을 막는 것을 선호하는데요. 운터발덴을 제외한 네 개의 지역인 루체른, 우리, 쉬비츠, 추욱에 글을 보내서, 태수의 군대와 함께 바덴으로 와 달라고 요청한 것이었습니다. 운터발덴과 우리와의 협상이 아직 끝나기 전에 그리고 이 일이 해결될 때까지 슈비츠의 이전 태수가 바덴에 들어가도록 말입니다.
왜냐하면 우리의 기관장과 시의회는 어떤 이유로든지 연방과 그러한 전쟁을 하게 되는 것을 사전에 시민들에게 설명하지 않고 전쟁을 시작하는 것을 원하지 않았기 때문입니다. 사전에 이러한 사실을 알려주면 정당하지 못한 전장터에서 그들이 피해를 입지 않을 수 있습니다. 날씨가 좋고 태양이 비추이면 사람들은 전투적이 되기도 합니다. 그러나 비가 조금만 오더라도 사람들 사이에서는 전투를 원하지 않는 상황이 벌어질 것입니다.

그러나 우리에 대한 네 개 지역의 대답이 적절하지 않으면, 우리 마을 사람들을 함께 불러 모으기까지 시간이 더 오래 걸릴 것입니다. 이로 인하여 농촌 지역에서 루체른 인근 주민들과 서로 해치지 않을 것과 서로 다투지 않을 것을 약속하는 계약을 맺게 되었습니다.

운터발덴에서 요구한 계산에 해당하는 것에 대해서 우리는 헛된 소망을 두지 않습니다. 스위스 중부 사람들은 완고한 사람들입니다. 그들이 돈을 주기 전에 연방의 제도가 먼저 사라지게 할 것입니다.

하나님의 말씀은 평화와 연합을 지향합니다. 우리의 사랑하는 연방의 동지이자 취리히의 기독교 시민이신 여러분, 여러분들은 자비함을 갖고서 최초로 많은 일을 성취하셨습니다. 지금까지 평화로운 재원을 갖고서 복음을 전파할 수 있었습니다. 취리히는 이 길 위에서 이미 많은 것을 성취했습니다. 그러나 이제는 너무 많이 원하며, 재원을 잘못 사용하고 있습니다.

가톨릭 지역들은 낯선 전투에 참여함으로써, 즉 프랑스의 연금을 받고 전투에 참여하면서 가톨릭적인 것을 지켜나갈 수 있다고 정당성을 갖고서 주장했습니다. 매우 단순한 백성들은 옛 가톨릭 신앙에 대한 순수한 경건성에 근거하여 그렇게 전투에 참여하는 것입니다. 저, 마누엘은 바로 전투에 참여해 보았던 경험이 있어서 그러한 사실을 잘 알고 있습니다. 우리는 모두 형제애를 갖고서 전투에 임합니다.

그것을 존중하는 것이 마땅합니다. 왜냐하면 이미 200여년 동안 동맹관계가 맺어진 고유한 장소들이 중요하기 때문입니다.

왜냐하면 제가 비싼 대가를 치루고라도 말씀드릴 수 있는 것은 우선 제 성격이 불같이 되었으며, 저를 충분히 적대적으로 만들었다는 것입니다. 그러나 제가 확신하는 것은 참으로 투창과 도끼창으로 신앙을 고취할 수 없다는 사실입니다. 그래서 우리는 전쟁을 아직 시작하지 않았습니다. 여러분들이 이 점을 잘 고려해 주시면 좋겠습니다.

우리는 그리스도의 고난에 의지하여 간청합니다. 우리는 운터발덴의 태수를 하나님의 이름으로 가게 하고, 우리의 조국과 동포를 도발적인 일에 매달리도록 열을 내고 싶지 않습니다. 단지 한 사람만을 잃어야 한다면 태수를 내세우는 것이 훨씬 좋겠습니다.

가톨릭의 편에서 우리를 공격하고 전쟁으로 위협하려 한다면, 우리는 우리의 몸과 재산, 기독교적 시민연맹(Burgrecht)과 우리의 공동체적 연방의 협약을 여러분들과 함께 지켜 나갈 것입니다.

이것은 개혁주의적 신앙과 조금도 무관하지 않습니다. 하나님은 믿음을 더하여 주십니다. 우리는 그것을 투르가우와 솔로투른에서의 성공과 어제 여러분들의 지혜에 앞서 표현했던 샤프하우젠의 귀족들에게서 보게 됩니다. 한 반년 정도 유예기간을 두고 지켜봅시다. 다른 두 지역도 우리에게 합류하게 될 것입니다. 전쟁은 좋은 일들을 단지 모두 망가트릴 뿐입니다.

한쪽 뺨을 맞으면 사람들은 다른 뺨도 대라고 합니다. 그러나 궁지에 몰리게 되면, 우리는 물러서지 않겠습니다. 그리고 우리는 당신들을 피하지도 않겠습니다. 그러나 우리의 베른의 지도자들은 이 일이 아주 절실하다고 아직 생각하지 않는 듯 합니다.

시장 의회가 귀하의 연설을 들었고, 귀하와 베른의 지도자들께 감사합니다. 정말 훌륭한 연설이었습니다. 귀하가 우리를 설득할 수 있었는지는 두고 봅시다. 평안히 돌아가시구요, 평화 회담장에서나 혹은 전장터에서 다시 만납시다.

XI 카펠전투에서의 패배 이후 (1531년 10월 11일)*

(6명의 남자와 3명의 여자)

A 어제 나는 텔레비전에서 시리아의 상황과 모습을 다룬 화면을 보았어. 비행기가 어떤 마을을 폭격하고, 한 학교에서 많은 어린이들이 다쳤던 모습이었어....정말 끔찍하대!

B 살아남은 부모와 친척들은 어떻겠어. 그들의 사랑하는 아들, 딸들이 더 이상 집으로 돌아올 수 없다는 것을 경험하게 된다면 말이야. 정말 상상하기 힘든 일이야.

C 내가 그런 경우를 당하게 된다면 나는 뭘 해야 할지 모르겠어.

A 그러나 그런 일이 매일 어디선가에서 일어나고 있어. 그러면 안되는데 말이지요.

D 그러한 것을 말할 수 있는 우리는 누구인가요? 우리가 할 수 있는 것은 없지. 단지 멀리서나마 그러한 일에 관심을 갖고 지켜보는 것이지...

E 그리고 그러한 것 자체를 경험하지 않고 두려워 할 필요가 없는 것만으로도 감사해야지요.

---

* 11마당은 "투구를 벗으라-울리히 츠빙글리와 그의 투구에 대한 이야기" (2014년 초연된 Friedo Dürr, Andres Boller, Hans Strub의 작품)에서 나온 것임.

F 감사한다...우리는 그것을 당연한 것으로 받아들이지.

A 전쟁이라는 것은 정상적인 것이 아니야. 다시 한번 말하지만 정상적인 것이 하나도 없는 것이지. 전쟁은 더 이상 있어서는 안될 것이야!

H 당신들은 전투가 반나절 혹은 하루 종일 걸렸고 그 다음엔 수천명의 젊은이들이 죽거나 피를 흘린 채 들판에 누워 있었던 그런 전투가 어떠했겠는지를 한번 상상해 본 적 있나...

I 살아남은 자로 그 자리에 함께 하면서 죽은 사람들과 다친 사람들을 묻어야 했던 사람들의 영혼에 어떤 일이 생겨났을지...! 아무튼 우리 나라에서는 오늘날에는 적어도 치료도 받을 수도 있고, 비용은 건강보험에서 지불하여 주지만 예전에는 각자가 알아서 부담해야 했어.

B 마을에서는 사람들이 적어도 서로 도왔습니다.

C 그러는 곳도 있었겠지요. 그러나 마을에서도 많은 다툼과 적대감이 있었습니다.

D 1531년 2차 카펠 전투 이후에 취리히 사람들은 어떠했을지 나는 상상해 봅니다. 그들은 충분히 준비할 수 없었기 때문에 참패 당했습니다. 그리고 그들은 울리히 츠빙글리를 잃게 되었지요. 이년 전 1차 카펠 전투에서는 그들이 숫적으로 우세했었어요. 2차 전투도 그러리라고 생각했었던거죠...

E 스위스 중부사람들은 그 사이 2년 동안에 그 경험으로부터 배웠습니다. 1529년과 같은 화해의 상징으로써의 우유죽 휴전과 같은 것은 생각하지 않았던 거죠.

(사나운 취리히 군사의 무리가 헛간에 숨어 있고, 여인들이 상처를 감싸준다. 밤이었다)

아드리안 그들이 그를 데려갔어요...

요한나 사람들이 그를 알아보고 난 이래로 감시하고 있었다고 말했어요. 저 위에 숲속에서요.

게오르그 그들은 루체른으로 그를 데려가려 했어요...

펠릭스 상상할 수도 없어요. 멧돼지를 만나게 된 듯이 말이죠...

발터 누군가가 말하는 소리를 들었어요. 그를 아주 금방 태워 버려야 한다고 말이죠. 그렇지 않으면 그가 곧 다시 일어나서 올 것이라고 말입니다.

펠릭스 승리는 승리지요. 우리가 그 사람들의 입장에 있었다면 우리도 동일한 행동을 했겠지요.

아드리안 전쟁은 우리를 괴물처럼 만들어요.

게오르그 이미 그렇지 않았다면…

아드리안 나는 지금 당신의 선동적 언사가 필요하지 않습니다.

게르투르트 조용히 해 보세요. 그거야, 바로 그렇게 된 거에요. 당신들은 단순히 가련한 희생자들이 아닙니다. 당신들은 자율적으로 츠빙글리와 함께 여기로 온 거에요. 전쟁이 있는 곳이면 어디로든 가지요. 당신들은 할 수 있지요. 평화에 대해 당신들은 아무 것도 몰라요!

펠릭스 잘 하셨어요. 부인. 적어도 당신들이 여기 있고 서로 연결하려는 거죠.

게르투르트 여성들이 서로 연대하려는 것은 유익합니다. 그들이 당신들에게 말한 것은 전쟁을 그만두어야 한다는 것이었는데, 그러면 당신들은 늘 귀머거리가 되었죠. 항상 그랬던 것입니다. 우리는 우리의 아들들과 형제들, 남편들로 인해서 슬퍼해야 합니다. 당신들도 그렇게 생각하시나요, 우리가 그러기 위해 세상에 존재하는 것입니까? 당신들은 어떻게 생각하십니까, 우리가 다른 사람들을 죽이기 위한 병사들을 낳은 것입니까? 그리고 그들을 위하여 우는 딸들은 어떻게 할까요?

펠릭스 멋진 연설입니다. 부인, 시청에 가셔서도 한번 말씀하셔야 겠어요.

엘리사벳 그곳에서는 우리들이 문지방을 넘어서지도 못하게 했네요. 기껏해야 청소하러나 들어갔을까요.

펠릭스 당신들은 모두 함께 가야 합니다. 시내의 모든 여성들이 말이지요. 혁명...

아드리안 그러면 우리는요? 우리는 어디로 가죠?

펠릭스 스위스 중부 사람들이 여전히 남아 있는지 한 명이 보러 나갔습니다.

그렇지 않으면, 살금살금 나가서 알비스를 지나 돌아갑시다. 그쪽으로 사람들이 우리를 쫓아오지는 않을 것입니다. 그들은 도시 앞에서 두렵기 때문입니다.

게오르그 이전에 그들이 두려움을 가질 수 있었다면 우리에게는 더 좋았을 뻔 했습니다. 아야!

요한나 조용히 하세요. 나는 알아요. 이제 급한데요. 우리는 이제 묶어주어야 합니다. 엘리사벳, 그 팔을 잡아요.

아드리안 수우프 한번 먹는 것으로 충분해요. 그 당시에 우리는 그들을 아주 쉽게 무너트릴 수 있었습니다. 낭시 그 사람들은 숫자적으로 이주 적었는데요.

게오르그 목사님이 반대하셨어요. 그렇게 단순하게 물리치는 것은 죄라고 했어요! - 아파요, 더 이상 못참겠어요. 차라리 죽는 것이 좋겠어요...

게르투르트 당신 그렇게 빨리 안죽어요, 입 다물고 조용히 하세요!

게오르그 그 사람처럼 뒈지게 두시죠... 오 하나님... 저는 살고 싶어요, 제기랄!

펠릭스 목사님, 그도 이제 배려를 받을 수 있게 되었어요.

베르흐톨드 (두 여인이 그를 부축해서 헛간으로 데려왔다. 주저 앉는다) 내버려 둬요. 너무 힘들어요...

엘리사벳 여러분 도와주세요. 그 사람을 여기에 뉘이죠, 저기 저 옆으로...

요한나 (그의 쪽으로 수그리면서) 베르흐톨드, 그 사람들이 당신에게 무얼 한거죠...(다른 사람들에게) 이 분은 내 형부에요.

게오르그 그럼 이제 함께 죽죠, 형제여... 함께 전투에 참여했고, 함께 하늘나라가고, 손을 주세요. 그럼 더 간단해요.

카알 그의 숨이 약하네요.

베르흐톨드 마실 거좀요…

요한나 (물을 쥐고서) 받으세요. 천천히 마셔요.

베르흐톨드 고마와요....간호사님…(죽는다)

요한나 베르흐톨드.....오 안되요. (그녀가 두른 목도리로 그를 감싸고, 흐느낀다)

엘리사벳 (그녀에게 오면서) 아, 요한나...

게오르그 그가 해냈네요. 베르흐톨드가 해 냈어요. 기다려요, 형제요. 나도 함께 갑니다...

발터 라인강 따라서 우리는 걸어왔어요. 밤 새껏 말입니다. 우리는 하루라도 쉬고 싶었어요. 그러나 그 사람들이 우리를 쫓아와서, 우리도 도망쳐야만 했지요.

아드리안 우리는 지쳤어요, 너무나도 완전히 지쳤어요. 피곤해요... 단지 너무 피곤해요...

펠릭스 그는 그렇게 하고 싶어 했어요. 그는 사령관에게 이제 내버려 두고 가라고 말했지요.

아드리안 죽은 사람들에 대하여는 좋은 말들만을 할 뿐(De mortuis nihil nisi bene).

게오르그 목사님처럼 굉장히 유식해 보이네요.

아드리안 나는 그분에게서 라틴어 배웠거든요.

펠릭스 이제 너는 여기 있잖아?

아드리안 그는 나에게 자리를 주지 않았어. 나는 목사가 되고 싶지는 않아. 그래서 내가 한것이란 내 형들이 이미 한거지. 전쟁에 나가는 것. 젊은이들을 위한 다른 일자리는 없고. 이제 잠 좀 자게 내버려 줘. (뒤에서 자리에 눕는다)

발터 내 아이들도 마리냐노에 있었어.

게오르그 내 아이들도 마찬가지였지... 그리고 거기에 머무르게 되었네.

발터 프랑스 사람들에게서도?

게오르그 비인사람들에게도요. 그들이 돈을 더 많이 지불했지요.

펠릭스 맞아요. 스위스 사람이 스위스 사람에 맞서서 맨 앞에 섰지요. 매번 그랬습니다. 그리고 그렇게 계속 이어지겠지요. 내년에도, 그 다음해에도 …

게오르그 나는 죽어요… 오 안되요! 나를 내버려 두세요! 아니… (죽는다)

요한나 당신은 그렇게 말하면 안됩니다. 당신들은 기꺼이 그렇게 했죠. 그리고 돈도 많이 벌었지요. 전쟁은 그 값을 지급하는 것입니다.

게르투르트 이제 그는 정말 죽었네요… 가련한 인간…

펠릭스 아침의 서광, 일찍 찾아온 죽음...그것에 달려 있는 것이 아니죠. 당신이 어디에 있든 평화 가운데 안식하기를...우리의 인사를 전해 주세요. (웃음) 그가 우리를 멸망으로 이끌었던 것에 대한 감사로 악수를 전해 주세요.

발터 불가능한 병, 슬픔 가운데 조용히하세요

펠릭스 너무 경건하게 그러지 마세요. 전쟁은 주일학교가 아닙니다. 전쟁에서는 한편은 얻고, 다른 한편은 잃지요.

게르투르트 그 천을 저기로 가져가세요. 구석에 두었다가 시체에 덮어야지요. 아침이 되면, 모두 취리히로 이송해야 합니다.

펠릭스 루체른 사람들이 모두 물러가면요.

발터 그들은 물러갔어요. 그들은 원하던 것을 얻었어요. 이제 그들이 권력을 가졌습니다. 우리는 우리가 벌어들인 것을 얻게 되었습니다.

게르투르트 저기 한 사람에게서 빛이 사라져가네요. 그러나 여러분은 전쟁을 위해 만들어진 것이 아닙니다. 집으로 가셔서 평화를 위해 싸우십시오. 그와같은 전쟁은 우리나라에서 한번으로 족합니다. 우리 형제들이 연합된 한 민족이기를 바랍니다.

요한나 그리고 자매들도요!

엘리사벳 우리 모두가 함께 연대하는 것이 중요하죠. 그래서 우리의 아들들이 어른이 되면 다른 나라 제후와 왕 혹은 교황을 위한 전장터에 나가 죽게 되는 그런 용병은 없어져야 합니다.

아드리안 혹은 죽게되는...적어도 저기 아래 지역에서는 항상 어떤 스위스 사람들을 용병으로 얻게되죠.

펠릭스 때문에 그 목사가 그렇게 된거야.

발터 ...그랬던거죠. 그는 원래 우리를 반대했었죠.

엘리사벳 그는 왕에게 용병을 반대한다고 했지요. 그래서 그는 용병으로 부유하게 된 상류층 사람들의 경계를 침범한거죠.

발터 그들에게 마땅한 일이 일어난 것입니다. 이제 나는 나갑니다. 10분 안에 돌아오지 않으면, 그들이 아직 거기 있는 것입니다. 하나님의 자비를 빕니다.

요한나 게르투르트와 엘리사벳, 이 두 사람들을 위해 기도합시다. (뒤로 나간다)

펠릭스 나도 함께 가겠어요. 그들이 당신을 잡으면 제가 곧바로 이어가지요...

발터 … 그들이 여기 오기전에! 당신의 그 사랑스러움으로 당신은 하늘의 보상을 받게 될 거예요.

펠릭스 아니면 적어도 지옥으로의 길을 단축한 거겠지요... (두 명이 나간다)

XII 안나 라인하르트의 일기에서 (1531년 10월 11일 이후)**

(두명의 여인)

A (신문을 읽으면서) 매일 적어도 종교 때문에 생기는 전쟁에 대한 뉴스가 한가지는 있어!

B 그건 언제나 그랬지, 인류가 존재한 이래로 말이야.

A 신앙적 신념으로 누군가를 죽게 때린다면, 하늘에 갈 수 있다고 계속해서 주장했지요.

B 그것은 동양뿐 아니라, 스위스에서도, 심지어 종교개혁시기에도 있었던 실로 오래된 격언입니다.

A 종교개혁 시대에 특별한 방법으로 신앙의 문제를 다루고자 했던 것은 결국 삶을 잘 보존하기 위함이라고 생각할 수 있겠지요!

B 항상 새로운 신앙을 가진 사람들은 -그렇게 종교개혁자들을 부르게 되었는데- 다른 사람들에게 새로운 신앙을 강요하려 했습니다. 그러기위해서 그들은 늘 무기를 손에 쥐었던 것이죠.

A 본래 그 사람들은 서로 더 잘 알아야 했습니다. 예수가 평화라는 말을 사용했다는 것을요!

B 때때로 그 사람들에게는 너무 느리게 진행되는 것이었죠.…

A 취리히 사람들도 옛 신앙을 가진 가톨릭 사람들에 맞서서 전쟁을 벌였죠. 1531년 스위스 중부 사람들을 상대로 두 번째로 카펠에서 전투가 벌어졌어요.

B 이 전쟁에서 그들은 졌습니다. 그런데 어떤 모습으로요! 울리히 츠빙글리도

** 12마당은 2017년 출판된 크리스토프 지그리스트의 책에서 가져온 것임. Christoph Sigrist, *Anna Reinhart und Ulrich Zwingli* (Freiburg: Herder-Verlag, 2017).

잃었습니다. 다른 많은 희생자들과 함께요. 몇시간만에 수백명의 여성들이 과부가 되었고 아이들은 아버지를 잃어버리게 되었습니다.

A 츠빙글리의 부인 안나 라인하르트도 그녀의 자녀들과 함께 남편과 아버지를 잃었습니다. 그녀는 츠빙글리와 결혼해서 7년 동안 함께 살았지요. 그가 카펠에서 사망하기 전까지 말이죠...그녀는 그 다음 날부터 이런 일기를 적어 내려갔습니다.

레굴라 우리 아버지가 돌아가시고 칠 년이 흘렀을 때 카펠에서 어머니가 또 돌아가셨습니다. 저희 자녀들은 어머니가 쓰시던 집을 치워야 했습니다. 가구와 옷들은 문제가 아니었는데, 책들이 문제가 되었어요. 방마다 가득한 책들은 물론 대부분 아버지 것이었습니다. 많은 책들을 그로스뮌스터 재단에 보냈고요. 몇 권은 제 집으로 가져와서 다락에 보관했습니다. 얼마 전에 아주 특이한 책 한 권을 제가 손에 쥐게 되었네요. 그것을 읽기 시작했는데요. 그러자 저는 한 어린 소녀가 된듯했어요. 마치 어머니가 우시는 소리를 듣고 저 자신도 아주 슬퍼지는 듯한...

안나 울리히 츠빙글리! 이제 그대는 죽어서 흔적이 없어 졌네요. 그리고 이제는? 지금까지 저는 우리 큰 딸, 둘째 딸들과 이야기하고 울었어요. 우리의 마가레타의 남편 안톤 비르츠도 죽었어요. 발타자 켈러는 3년 전에 우리의 아가테와 결혼했어요. 그런데 그도 심하게 부상을 입었어요. 살아남게 될 수 있을지 모르겠어요. 내 동생, 베른하르트 라인하르트도 죽었네요. 그리고 너무 속상하게도 우리의 게롤드, 당신의 사랑하는 게롤드도 죽었어요. 비록 그 애가 당신의 친자식은 아니었어도 당신이 아껴주었는데 말이죠. 그의 부인이며 우리 며느리 퀸골트도 손주인 빌헬름, 게롤드와 도로테아와 오늘 밤 여기 왔었죠. 비탄에 빠져있고, 놀라고, 불안해 하면서 말이에요.
왜, 당신은 나보다 앞서 먼저 나와 이별을 해야 했나요? 나는 당신을 이해할 수 없어요. 당신도 8월에 혜성을 보지 않았던가요? 도시 전체가 모두 그 말을 하고 있어서 불안해 하고 있지요. 당신도 나와 함께 그것에 대해 이야기 했었죠. 그리고 제 말에 귀를 기울이셨죠. "그것은 하늘의 메시지이며 우리는 그것에 귀 기울여야 한다고 말이죠. 당신도 시의회의 결정에 영향을 미쳤지요. 우리가 하나님의 분노를 피해 가려면 사람들이 자주 교회에 가야 하며, 일요일은 성스럽게 기도로 보내야 한다구요."

당신이 타고 다녔던 말은 어찌 되었는시 아시나요? 그 말이 나무에 뛰어 올랐어요. 말의 울음소리를 사람들이 모두 들었구요. 사람들이 뛰어갔지요. 당신이 나에게 키스를 했고 내 치마를 붙들고 섰던 우리의 아이들에게 손짓했어요. "아빠, 다시 오세요" 라고 우리의 막내 우얼리가 소리쳤어요.

저고리엔 성서를 넣고, 머리에는 투구를 쓰고 칼집에 칼을 차고 당신은 말을 타고 그로스뮌스터를 가로질러 카펠로 향했지요. 저는 당신의 외투가 바람에 날리는 것을 단지 보았네요. 당신은 다시금 뒤돌아보셨나요? 저는 모르겠어요. 저는 군중들이 너무 많이 모여든 것을 참을 수가 없었어요. 그래서 우리의 학교로 도망쳤지요. 부엌에서 국자로 식탁을 미친 듯이 두드려댔죠. 당신은 들으려 하지 않았고, 듣지도, 보지도 못했지요.
어제 아침 일찍이 부엌에서 일어났던 일 아시나요? "조용히 하라"면서 마치 악마처럼 당신의 눈은 나를 뚫어지게 보았구요. 내 영혼을 아프게 했어요.

"나는 혜성이 무서워요. 그러나 그렇게 해야만 해요. 우리는 연방의 사람들로서 함께 해야 합니다. 나는 그들이 왜 스스로 생각하고, 스스로 믿고, 행동하는 신앙의 자유를 이해하지 않으려 하는지 알지 못합니다."
울리히, 저는 처음으로 당신 앞에서 두려움을 느꼈어요. 저는 우리 아이들을 데리고 있었고 당신을 부엌에 홀로 남겨 두었죠. 이제 당신은 더 이상 제게 오지 않아요. 기도도 못하고, 쓰다듬어 주지도 못하고, 키스도 없고.
왜 저는 당신 뒤를 따르지 못했을까요? 저는 알았어요. 알고 있었지요. 일이 잘 안될 수 있다는 것을요. 우리 여성들은 항상 전쟁에 반대해서 투쟁했지요. 앞으로도 그럴 것입니다. 이제 저는 두 번째로 남편을 잃었습니다. 하나님, 당신은 무얼 하시려는 것입니까? 당신의 뜻은 무엇입니까, 하나님!
저는 이제 홀로 남겨졌습니다. 아무 것도 더 이상 느끼지 못해요. 모든 것이 망가졌어요. 하나님, 뭘 원하십니까?

레굴라 거의 매일 밤 엄마는 아빠의 책상 위나 엄마의 책상에 앉아 울었어요. 우리는 그 소리를 들었고, 엄마에게 감히 다가갈 수 없었죠. 오늘 저는 엄마가 글을 쓰고 있었다는 것을 알았네요. 엄마의 고뇌, 분노. 슬픔을요. 그 다음에 쓴 것은 10월 20일자 일기였어요. 엄마의 일기장을 읽으면 읽을수록 마치 엄마가 제 귀에 대고 말하는 듯이 느껴져요. 마치 제 마음에 대고 말하는 것처럼 말이지요.

안나 저는 당신의 책상에 앉아 있어요. 촛불이 켜 있어요. 당신이 설교를 쓸 때 항상 켜 두었던 촛불이죠. 우리 작은 애들은 여전히 자고 있어요. 레굴라, 빌헬름 그리고 우얼리는 계속해서 당신에 대해 물어요. 나의 사랑하는 우얼리. 이 밤에 저는 안나, 당신의 네 번째 자식에 대한 꿈을 꾸었어요. 우리가 그로스뮌스터 재단의 회장 펠릭스 프라이 옆에서 세례식을 하고 있을 때 당신은 울며 떨리는 손으로 우리의 작은 안나를 무덤에 내려 놓았죠. 매일 밤 당신은 그 무덤 앞에 앉아 계셨었죠. 아 저 많은 죽음, 아 저렇게 많은 고난. 하나님, 당신은 무엇을 하시렵니까?

많은 사람들이 우리에게 왔습니다. 모두가 경청하려 했고, 모두가 알려고 했으며 모두에게 위로가 필요했습니다. 그리고 저는 모든 것을 결합해야 했습니다. 당신의 친구들, 가족, 그리고 마을. 그들은 발타자를 내 집으로 데려 왔어요. 말위에 기절하여, 피를 흘리고 상처투성이 인채로요. 아가테와 우리는 그를 다시 회복시키기 위해 힘썼지요. 너무 힘들어요!
어제 저에게 전장에서 간신히 살아남은 한 용병이 말해 주었어요. 그들이 당신에게 무슨 짓을 했는지요. 그들은 당신의 갑옷과 반지를 뺏어갔구요. 가톨릭 사람들은 삼일 밤 낮을 죽은 이들 곁에 머물면서 승리와 죽음을 축하했는데 괴상한 노래와 의식을 거행하면서 그랬다는군요. 그래서 그는 두려움에 떨게 되었대요. 그는 나무와 덤불 속에 숨어 있었는데요. 삼일이 지나자 그들은 시체를 가져갔어요. 당신을 네 토막으로 자르고 찢고, 그 다음에는 돼지 뼈와 섞어서 불에 태웠다네요. 당신이 성인으로 추앙받게 되어서는 안되었고, 당신의 잔해는 조금이라도 남아 있어서는 안된다는 것이었죠. 그들은 신음소리와 외치는 소리, 죽어가는 사람들 한 가운데에서 웃고 저주하며, 시시껄렁한 잡담들을 했죠. 그들은 당신을 조롱하면서 살인자, 거짓말장이, 타락시키는 자라고 말했죠. 당신은 이제 하나님의 정당한 심판을 받은 것이라구요.

레굴라 (거의 알아채지 못하게 책을 들고 계속 읽어내려간다) 아빠의 대적자들이 요즘도 계속해서 아빠를 살인자, 거짓말장이, 타락 시키는 자라고 주장하는 것에 저는 맞섭니다. 정당한 심판이었다고요? 하나님은 그의 분노 가운데 이것을 원하셨다구요! 저는 그것에 계속 대항합니다. 하나님의 분노? 하나님의 심판? 아, 당신도 항상 그렇게 보셨죠. 그러나 저는 온 힘을 다해 저항합니다. 그러한 하나님을 저는 믿을 수 없어요. 당신은 전쟁을 하려 하셨고, 전쟁터로 가신거에요. 당신이 하나님의 이름으로 전쟁을 치르려 하신거죠. 하나님이 그러신 것 아닙니다. (그녀는 사랑스러움을 담아 그 책을 안나에게 되돌려 준다)

안나 당신의 재가 흩뿌려졌어요? 가 버렸어요? 갔어요? 아니에요. 당신은 가지 않았어요. 저는 당신을 느껴요. 당신의 숨소리를 느껴요. 저는 당신이 금방이라도 방안으로 들어 온다고 생각해요. 저는 영원히 문을 쳐다 봅니다. 문이 열리나요? 왜 닫혀 있을까요? 당신이 어느 순간이라도 얼굴에 웃음을 띈 채 들어와야만 하는데요. 그런데도 문은 계속 닫혀 있네요. 아, 당신은 이 저주받은 전쟁에 대한 당신의 계획 속에 갇혀 있네요.